物流企业
全流程财税处理
（会计核算＋政策解析＋税务处理）

会计真账实操训练营◎编著

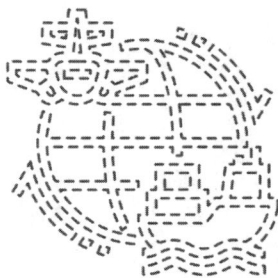

中国铁道出版社有限公司

CHINA RAILWAY PUBLISHING HOUSE CO., LTD.

北京

图书在版编目（CIP）数据

物流企业全流程财税处理：会计核算＋政策解析＋
税务处理/会计真账实操训练营编著 . —北京：中国
铁道出版社有限公司,2024.1
ISBN 978-7-113-29954-5

Ⅰ.①物…　Ⅱ.①会…　Ⅲ.①物流企业-会计实务
Ⅳ.①F253.7

中国国家版本馆 CIP 数据核字（2023）第 028733 号

书　　名：**物流企业全流程财税处理**（会计核算＋政策解析＋税务处理）
　　　　　WULIU QIYE QUANLIUCHENG CAISHUI CHULI(KUAIJI HESUAN+ZHENGCE JIEXI+SHUIWU CHULI)
作　　者：会计真账实操训练营

责任编辑：王淑艳　　　编辑部电话：(010)51873022　　　电子邮箱：554890432@qq.com
封面设计：末末美书
责任校对：苗　丹
责任印制：赵星辰

出版发行：中国铁道出版社有限公司（100054，北京市西城区右安门西街 8 号）
网　　址：http://www.tdpress.com
印　　刷：河北宝昌佳彩印刷有限公司
版　　次：2024 年 1 月第 1 版　2024 年 1 月第 1 次印刷
开　　本：710 mm×1 000 mm 1/16　印张：13.75　字数：219 千
书　　号：ISBN 978-7-113-29954-5
定　　价：69.80 元

前　言

要想当一名业财融合型的会计，首先要熟悉物流企业经营特点与业务流程，其次才是会计日常账务处理，最后要熟悉税法与关联法律，规避企业的税务风险。

编写目的

物流企业日常业务处理主要分为几个模块：运输业务核算、仓储与装卸搬运业务、配送业务核算、包装与流通加工业务核算、税务管理、期末结算和财务报告。

物流企业的业务多以提供劳务为主，因而主营业务收入为提供劳务获得的收入。物流企业的成本与制造企业产品成本不同，主要由各环节运营成本，以及相关配套设施产生的成本构成。正确进行成本、收入的确认，计算与纳税申报是物流企业会计核算的重点。本书依照《企业会计准则》与税法编写，以案例为主，将业务案例与税法结合，准确编制会计分录，方便月底结账与纳税申报。

本书对增值税、城市维护建设税、教育费附加、企业所得税、个人所得税、印花税、契税、车辆购置税、船舶吨税涉及的法律及暂行条例均做出详细的解读。为了减轻企业负担，财政部、国家税务总局颁布一系列"减税降费"优惠措施，不但有税基式减免、税率式减免，还有税额式减免，因此，研习税法，能更好地为企业服务。由于一些税收筹划不当引发的税务风险也在加大，容易产生税务风险的情形在书中也有介绍。

编写特色

◆ 突出流程。根据物流企业会计核算特点，突出不同模块账务处理，适合零基础的读者，实现从"零"到"一"的飞跃。

◆ 实操性强。针对具体业务进行会计账务处理，根据日常业务逐笔编制会计分录，使读者正确应用会计科目，处理企业日常业务。

◆ 图文并茂。本书以大量的案例展现经营业务，尽量用图、表形式呈现，易于阅读。

读者对象

会计专业的学生、会计人员、税务人员，以及打算从事会计工作的非财务专业的读者。

虽然我们力求完美，但由于时间有限，编写过程中难免存在着一些不足和遗憾，希望广大读者多提宝贵意见。

编　者

目　录

第3章　物流企业仓储与装卸搬运环节成本核算

第4章　配送业务成本的核算

第1章
物流企业与会计

物流是指根据客户的需求，将货物从产地向需求地转移的过程，主要包括运输、仓储、加工、包装、装卸、配送和信息处理。从事上述这些活动的企业就是物流企业。根据物流企业的经营特点，核算收入、成本、费用与利润，即为物流会计。

第一节　物流主要功能与企业类型

物流会计与其他行业相比，具有鲜明的行业特色。

一、现代物流主要功能

物流的主要功能如图 1-1 所示。

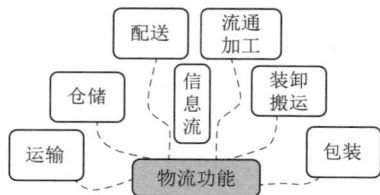

图 1-1　物流的主要功能

运输、仓储和配送被称为物流的主要功能，包装、装卸搬运和流通加工被称为物流的辅助功能，信息流是物流的支柱功能。

1. 运输、仓储和配送

（1）运输是将货物转移和在转移过程中提供短暂的储存。运输可以在不同地区、不同城市甚至不同国家之间进行，既有短距离又有长距离的运送；运输多为运送大批量、远距离的物品，并且途中兼有储存的功能。运输环节可分为铁路运输、公路运输、水上运输、航空运输和管道运输。

（2）仓储是现代物流的一个重要组成部分，物流仓储就是利用自建或租赁库房、场地，储存、保管、装卸搬运、配送货物。在物流系统中，仓储和运输同样重要，仓储作用有两个：一是保证货物的价值，二是进行保存。

（3）配送通常在城市间进行，运送的距离比较短。配送包括拣选、加工、包装、组配、运输等多个环节，通常是小批量、多品类的产品运送，通过物品地理位置的移动，满足不同用户的多种要求。

2. 包装、装卸、搬运和流通加工

（1）包装是采用纸箱、木箱、容器等将物品封包，方便在物流过程中运输、储存、装卸、堆码、发货、收货、销售等。

（2）装卸、搬运是在同一地区范围内进行改变物品存放空间位置的活动。装卸、搬运不当会影响下一环节的速度和质量。

（3）流通加工是企业为符合客户要求对货物进行的加工，减少物流成本。

3. 信息流

信息流是指与装卸、搬运、运输、保管、包装、流通加工等环节有关信息，使物流管理者与客户精准确定物品处于哪个环节当中，更好地对物品进行控制，减少物品停留时间，使其更快地到达用户手中。

二、物流企业的分类

目前，物流企业比较常见的有运输型物流企业、仓储型物流企业、综合型物流企业。

1. 运输型物流企业

运输型物流企业是为客户提供门到门运输、门到站运输、站到站运输等一体化运输服务，核心服务能力就是利用先进的运输技术，更高效、安全、经济地实现货物位移的能力。运输型物流企业的特点如下：

（1）以从事货物运输业务为主，包括货物快递服务或运输代理服务，具备一定规模；

（2）可以提供门到门运输、门到站运输、站到门运输、站到站运输服务和其他物流服务；

（3）企业自有一定数量的运输设备；

（4）具备网络化信息服务功能，应用信息系统可对运输货物进行状态查询、监控。

目前，我国比较典型的运输企业包括中铁物流集团有限公司（中铁物流集团）、中国远洋运输（集团）总公司、中国物流股份有限公司等。

2. 仓储型物流企业

仓储型物流企业为客户提供货物储存、保管、中转等仓储服务，以及为客户提供配送服务为主，核心服务能力就是利用信息化的仓储资源，提供信息查询及货物查对的能力。

仓储型物流企业主要特点如下：

（1）以从事仓储业务为主，为客户提供货物储存、保管、中转等仓储服务，具备一定规模；

（2）企业自有一定规模的仓储设施、设备，自有或租用必要的货运车辆；

（3）企业能为客户提供配送服务以及商品经销、流通加工等其他服务；

（4）具备网络化信息服务功能，应用信息系统可对货物进行状态查询、监控。

目前，国内仓储型物流发展迅速，如中铁快运股份有限公司、中邮物流有限责任公司、顺丰控股股份有限公司等。

3. 综合型物流企业

企业为客户提供运输、货运代理、仓储、配送等多种物流服务项目，并能够为客户提供一体化物流服务。为客户制定整合物流资源的解决方案，提供物流咨询服务。

综合服务型物流企业应同时符合以下要求：

（1）从事多种物流服务业务，可以为客户提供运输、货运代理、仓储、配送等多种物流服务，具备一定规模；

（2）企业具有一定运营范围的货物集散、分拨网络；

（3）按照业务要求，企业自有或租用必要的运输设备、仓储设施及设备；

（4）根据客户的需求，为客户制定整合物流资源的运作方案，为客户提供契约性的综合物流服务；

（5）企业配置专门的机构和人员，建立完备的客户服务体系，能及时、有效地为客户提供服务；

（6）具备网络化信息服务功能，应用信息系统可对物流服务全过程进行状态查询和监控。

第二节　物流企业会计核算

物流企业会计核算是根据经营流程进行的，日常业务处理分为几个模块：运输业务核算、装卸搬运业务与配送业务核算、包装业务与流通加工业务核算、仓储与库存管理、特殊物流业务核算、快递业务、税务管理、期末结算和财务会计报告。物流企业的业务多以提供劳务为主，因而物流企业的主营业务收入为提供劳务获得的收入；物流企业的成本与制造企业产品成本不同，制造企业构成产品实体并占成本相当高比重的是原材料和主要材料，物流企业的成本则主要由各环节运行经营及配套设施相关的成本构成，如运输的燃油费、交通工具和搬运工具的折旧费用、人工费用等。

一、会计科目的设置

根据《企业会计准则》的规定，在不影响对外提供统一财务会计报告的前提下，企业可以根据实际情况自行增设某些会计科目。由于物流企业运营的特点，可增加"辅助营运费用""营运间接费用""船舶共同费用""船舶维护费用""船舶固定费用""集装箱固定费用"等科目进行核算。物流企业会计科目设置见表1-1。

表 1-1　物流企业会计科目设置

科目代码	一级科目	二级科目	三级科目	四级科目	明细科目设置原则
1001	库存现金				涉及外币核算的，在"科目设置"中选择"外币核算"选项
1002	银行存款				涉及外币核算的，在"科目设置"中选择"外币核算"选项
1002-01	银行存款	人民币			
1002-02	银行存款	外币			
1012	其他货币资金				
1012-01	其他货币资金	外埠存款			
1012-02	其他货币资金	银行汇票			
1012-03	其他货币资金	银行本票			
1012-04	其他货币资金	信用卡			
1012-05	其他货币资金	存出投资款			
1012-06	其他货币资金	保证金			
1121	应收票据				按票据类型设置明细
1121-01	应收票据	银行承兑汇票			
1121-01-01	应收票据	银行承兑汇票	已背书未到期票据		
1121-01-02	应收票据	银行承兑汇票	已贴现未到期票据		
1121-02	应收票据	商业承兑汇票			
1121-02-01	应收票据	商业承兑汇票	已背书未到期票据		
1121-02-02	应收票据	商业承兑汇票	已贴现未到期票据		
1122	应收账款				按应收账款性质设置二、三级明细

科目代码	一级科目	二级科目	三级科目	四级科目	明细科目设置原则
1123	预付账款				
1131	应收股利				
1132	应收利息				根据金融工具的类别设置二级明细
1221	其他应收款				按照往来款的性质设置二级明细
1221-01	其他应收款	备用金			
1221-02	其他应收款	保证金			
1221-03	其他应收款	应收租金			
1221-04	其他应收款	应收押金			
1221-05	其他应收款	其他			
1231	坏账准备				
1231-01	坏账准备	应收账款			
1231-02	坏账准备	其他应收款			
1231-03	坏账准备	预付款项			
1231-04	坏账准备	长期应收款			
1401	材料采购				可按照材料类别设置二级明细
1402	在途物资				可按照物资类别设置二级明细
1403	原材料				可按照材料类别设置二级明细
1411	周转材料				按照"在库""在用""摊销"设置二级明细
1411-01	周转材料	在库			
1411-02	周转材料	在用			

科目代码	一级科目	二级科目	三级科目	四级科目	明细科目设置原则
1411-03	周转材料	摊销			
1511	长期股权投资				按照"成本法""权益法"设置二级明细
1531	长期应收款				按照应收款性质设置二级明细
1601	固定资产				按照固定资产类别设置二级明细
1601-01	固定资产	房屋及建筑物			
1601-02	固定资产	仓储设备			
1601-03	固定资产	运输设备			
1601-04	固定资产	办公设备			
1601-05	固定资产	其他			
1602	累计折旧				按照固定资产类别设置二级明细
1602-01	累计折旧	房屋及建筑物			
1602-02	累计折旧	仓储设备			
1602-03	累计折旧	运输设备			
1602-04	累计折旧	办公设备			
1602-05	累计折旧	其他			
1603	固定资产减值准备				按照固定资产类别设置二级明细
1604	在建工程				根据在建工程性质设置二级明细
1605	工程物资				按照工程物资性质设置二级明细
1606	固定资产清理				

科目代码	一级科目	二级科目	三级科目	四级科目	明细科目设置原则
1701	无形资产				按照无形资产性质设置二级明细
1701-01	无形资产	专利权			
1701-02	无形资产	土地使用权			
1701-03	无形资产	其他			
1702	累计摊销				
1702-01	累计摊销	专利权			
1702-02	累计摊销	土地使用权			
1702-03	累计摊销	其他			
1703	无形资产减值准备				
1801	长期待摊费用				按照待摊费用"原值""摊销"设置二级明细
1811	递延所得税资产				按照递延所得税资产性质设置二级明细
1811-01	递延所得税资产	可抵扣亏损			
1811-02	递延所得税资产	固定资产折旧			
1811-03	递延所得税资产	应收质保金折现			
1811-04	递延所得税资产	子公司投资收益			
1811-05	递延所得税资产	其他			
1901	待处理财产损溢				按照待处理财产损益性质设置二级明细
1901-01	待处理财产损溢	待处理流动资产损溢			
1901-02	待处理财产损溢	待处理非流动资产损溢			
2001	短期借款				按照短期借款性质设置二级明细

科目代码	一级科目	二级科目	三级科目	四级科目	明细科目设置原则
2001-01	短期借款	信用借款			
2001-02	短期借款	抵押贷款			
2001-03	短期借款	质押贷款			
2001-03-01	短期借款	质押贷款	票据贴现		
2001-03-02	短期借款	质押贷款	应收账款保理		
2001-03-03	短期借款	质押贷款	其他		
2201	应付票据				按照应付票据设置二级明细
2201-01	应付票据	银行承兑汇票			
2201-02	应付票据	商业承兑汇票			
2202	应付账款				按照应付账款性质设置二级明细
2202-01	应付账款	应付工程款			
2202-02	应付账款	应付设备			
2202-04	应付账款	应付材料款			
2202-05	应付账款	应付设备款			
2202-06	应付账款	应付劳务款			
2202-07	应付账款	应付租赁费			
2202-08	应付账款	其他			
2203	预收账款				
2204	合同负债				
2211	应付职工薪酬				
2211-01	应付职工薪酬	工资、奖金、津贴和补贴			
2211-02	应付职工薪酬	福利费用			
2211-02-01	应付职工薪酬	福利费用	货币性福利		
2211-02-02	应付职工薪酬	福利费用	非货币性福利		
2211-03	应付职工薪酬	社会保险			

科目代码	一级科目	二级科目	三级科目	四级科目	明细科目设置原则
2211-03-01	应付职工薪酬	社会保险	基本养老保险		
2211-03-02	应付职工薪酬	社会保险	补充养老保险		
2211-03-03	应付职工薪酬	社会保险	基本医疗保险		
2211-03-04	应付职工薪酬	社会保险	补充医疗保险		
2211-03-05	应付职工薪酬	社会保险	失业保险		
2211-03-06	应付职工薪酬	社会保险	工伤保险		
2211-03-07	应付职工薪酬	社会保险	生育保险		
2211-04	应付职工薪酬	商业保险			
2211-05	应付职工薪酬	住房公积金			
2211-06	应付职工薪酬	工会经费			
2211-07	应付职工薪酬	职工教育经费			
2211-08	应付职工薪酬	劳务派遣费			
2211-09	应付职工薪酬	其他			
2221	应交税费				按照应交增值税性质设置二级明细
2221-01	应交税费	应交增值税			按照应交增值税性质设置三级明细
2221-01-01	应交税费	应交增值税	进项税额		
2221-01-02	应交税费	应交增值税	已交税金		
2221-01-03	应交税费	应交增值税	转出未交增值税		
2221-01-04	应交税费	应交增值税	转出多交增值税		
2221-01-05	应交税费	应交增值税	销项税额抵减		
2221-01-06	应交税费	应交增值税	减免税款		
2221-01-07	应交税费	应交增值税	销项税额		
2221-01-08	应交税费	应交增值税	出口退税		
2221-01-09	应交税费	应交增值税	进项税额转出		
2221-02	应交税费	未交增值税			
2221-03	应交税费	预交增值税			

科目代码	一级科目	二级科目	三级科目	四级科目	明细科目设置原则
2221-04	应交税费	待抵扣进项税额			
2221-05	应交税费	待认证进项税额			
2221-06	应交税费	待转销项税额			
2221-07	应交税费	增值税留抵税额			
2221-08	应交税费	简易计税			
2221-08-01	应交税费	简易计税	计税抵减		
2221-08-02	应交税费	简易计税	预交简易计税		
2221-08-03	应交税费	简易计税	计提简易计税		
2221-08-04	应交税费	简易计税	未交简易计税		
2221-08-05	应交税费	简易计税	待转简易计税		
2221-09	应交税费	转让金融商品应交增值税			
2221-10	应交税费	代扣代交增值税			
2221-11	应交税费	应交企业所得税			
2221-12	应交税费	应交个人所得税			
2221-13	应交税费	应交土地增值税			
2221-14	应交税费	应交房产税			
2221-15	应交税费	应交土地使用税			
2221-16	应交税费	应交车船使用税			
2221-17	应交税费	应交城市维护建设税			
2221-18	应交税费	应交教育费附加			
2221-19	应交税费	应交地方教育附加			
2221-20	应交税费	应交地方各项基金			
2221-21	应交税费	印花税			
2231	应付利息				

科目代码	一级科目	二级科目	三级科目	四级科目	明细科目设置原则
2232	应付股利				可按支付股利的对象或类型设置二级明细
2241	其他应付款				按照应付款性质设置二级明细
2241-01	其他应付款	保证金			
2241-02	其他应付款	应付租金			
2241-03	其他应付款	代扣个人社保费			
2241-03-01	其他应付款	代扣个人社保费	基本养老保险		
2241-03-02	其他应付款	代扣个人社保费	补充养老保险		
2241-03-03	其他应付款	代扣个人社保费	补充医疗保险		
2241-03-04	其他应付款	代扣个人社保费	失业保险		
2241-04	其他应付款	代扣个人住房保证金			
2241-05	其他应付款	应付押金			
2241-06	其他应付款	应付赔款			
2241-07	其他应付款	诚意金			
2241-08	其他应付款	应付暂收款			
2241-09	其他应付款	暂收单位负担社保金			按照社保金性质设置三级明细
2241-09-01	其他应付款	暂收单位负担社保金	基本养老保险		
2241-09-02	其他应付款	暂收单位负担社保金	补充养老保险		
2241-09-03	其他应付款	暂收单位负担社保金	基本医疗保险		
2241-09-04	其他应付款	暂收单位负担社保金	补充医疗保险		
2241-09-05	其他应付款	暂收单位负担社保金	失业保险		

科目代码	一级科目	二级科目	三级科目	四级科目	明细科目设置原则
2241-09-06	其他应付款	暂收单位负担社保金	工伤保险		
2241-09-07	其他应付款	暂收单位负担社保金	生育保险		
2241-10	其他应付款	暂收单位负担公积金			
2401	递延收益				
2501	长期借款				按照"本金""利息调整"设置二级明细
2501-01	长期借款	本金			
2501-02	长期借款	利息调整			
2502	应付债券				按照"面值""利息调整"设置二级明细
2701	长期应付款				按照应付款性质设置二级明细
2702	未确认融资费用				
2711	专项应付款				按照款项用途设置二级明细
2801	预计负债				按预计负债事项设置二级明细
2801-01	预计负债	对外提供担保			
2801-02	预计负债	未决诉讼			
2801-03	预计负债	亏损合同			
2801-04	预计负债	产品质量保证			
2801-05	预计负债	弃置费用			
2901	递延所得税负债				

科目代码	一级科目	二级科目	三级科目	四级科目	明细科目设置原则
4001	实收资本（股本）				按照实收资本或股本来源设置二级明细
4002	资本公积				
4002-01	资本公积	资本（或股本）溢价			
4002-02	资本公积	其他资本公积			
4004	其他综合收益				根据性质设置二级明细
4101	盈余公积				按照盈余公积设置二级明细
4101-01	盈余公积	法定盈余公积			
4101-02	盈余公积	任意盈余公积			
4103	本年利润				
4104	利润分配				按照利润分配性质设置二级明细
4104-01	利润分配	提取法定盈余公积			
4104-02	利润分配	提取任意盈余公积			
4104-03	利润分配	应付利润或股利			
4104-04	利润分配	提取储备金			
4104-05	利润分配	其他			
4301	专项储备				
4108	辅助营运费用				设置专栏进行明细核算
4108-01	辅助营运费用	辅助船舶费用			
4108-02	辅助营运费用	辅助生产费用			
4109	营运间接费用	按部门设置			设置专栏进行明细核算
4111	船舶共同费用				

科目代码	一级科目	二级科目	三级科目	四级科目	明细科目设置原则
4111-01	船舶共同费用	工资			按成本项目进行明细核算
4111-02	船舶共同费用	养老保险基金			
4111-03	船舶共同费用	船员差旅费			
4113	船舶维护费用	船舶类型			
4115	船舶固定费用	按单船设置			
4117	集装箱固定费用				
4117-01	集装箱固定费用	折旧费			
4117-02	集装箱固定费用	修理费			
4117-03	集装箱固定费用	保险			
6001	主营业务收入				
6001-01	主营业务收入	运输收入			
6001-02	主营业务收入	装卸收入			
6001-03	主营业务收入	堆存收入			
6001-04	主营业务收入	代理业务收入			
6051	其他业务收入				
6051-01	其他业务收入	客运服务			
6051-02	其他业务收入	包装物出租			
6051-03	其他业务收入	固定资产出租			
6051-04	其他业务收入	技术转让			
6051-05	其他业务收入	车辆修理			
6051-06	其他业务收入	材料销售			
6111	投资收益				按照投资收益性质设置二级科目
6211	其他收益				
6301	营业外收入				按照收入项目设置二级明细

科目代码	一级科目	二级科目	三级科目	四级科目	明细科目设置原则
6301-01	营业外收入	非流动资产处置利得			
6301-01-01	营业外收入	非流动资产处置利得	固定资产处置利得		
6301-01-02	营业外收入	非流动资产处置利得	无形资产处理利得		
6301-02	营业外收入	税费返还			
6301-03	营业外收入	违约金收入			
6301-04	营业外收入	负商誉			
6301-05	营业外收入	其他			
6401	主营业务成本				
6401-01	主营业务成本	运输支出			
6401-02	主营业务成本	装卸支出			
6401-03	主营业务成本	堆存支出			
6401-04	主营业务成本	代理业务支出			
6401-05	主营业务成本	营运间接费用			
6402	其他业务成本				
6403	税金及附加				
6403-01	税金及附加	消费税			
6403-02	税金及附加	城市维护建设税			
6403-03	税金及附加	资源税			
6403-04	税金及附加	教育附加费			
6403-05	税金及附加	房产税			
6403-06	税金及附加	土地使用税			
6403-07	税金及附加	车船使用税			
6403-08	税金及附加	印花税			
6403-09	税金及附加	土地使用税			
6601	销售费用				按照费用性质设置二级明细

科目代码	一级科目	二级科目	三级科目	四级科目	明细科目设置原则
6601-01	销售费用	职工薪酬			
6601-01-01	销售费用	职工薪酬	工资		
6601-01-02	销售费用	职工薪酬	福利费		
6601-01-03	销售费用	职工薪酬	其他		
6601-02	销售费用	劳动保护费			
6601-03	销售费用	运输费			
6601-04	销售费用	广告费			
6601-05	销售费用	招投标费			
6601-06	销售费用	办公费			
6601-07	销售费用	水电费			
6601-08	销售费用	业务招待费			
6601-09	销售费用	其他			
6602	管理费用				按照费用性质设置二级明细
6602-01	管理费用	工资			
6602-01-01	管理费用	工资	社会保险		
6602-01-02	管理费用	工资	住房公积金		
6602-01-03	管理费用	工资	工会经费		
6602-01-04	管理费用	工资	职工教育经费		
6602-01-05	管理费用	工资	职工福利		
6602-01-06	管理费用	工资	辞退福利		
6602-02	管理费用	折旧费			
6602-03	管理费用	摊销费			
6602-04	管理费用	业务招待费			
6602-05	管理费用	差旅交通费			
6602-06	管理费用	会议费			
6602-07	管理费用	办公费			

科目代码	一级科目	二级科目	三级科目	四级科目	明细科目设置原则
6602-08	管理费用	党建工作经费			
6602-09	管理费用	其他			
6603	财务费用				按照费用性质设置二级明细
6603-01	财务费用	利息支出			
6603-01-01	财务费用	利息支出	借款利息支出		
6603-01-02	财务费用	利息支出	应付质保金折现利息		
6603-01-03	财务费用	利息支出	短期融资券利息费用		
6603-01-04	财务费用	利息支出	票据贴现利息		
6603-01-05	财务费用	利息支出	履约保证金折现费用		
6603-01-06	财务费用	利息支出	其他		
6603-02	财务费用	利息收入			
6603-02-01	财务费用	利息收入	存款利息收入		
6603-02-02	财务费用	利息收入	应收质保折现的利息收入		
6603-03	财务费用	汇兑损益			
6603-04	财务费用	票据贴现			
6603-05	财务费用	现金折扣			
6603-06	财务费用	其他			
6606	资产处置损益				
6701	资产减值损失				
6711	营业外支出				
6711-01	营业外支出	非流动资产处置损失			
6711-01-01	营业外支出	非流动资产处置损失	固定资产处置净损失		

科目代码	一级科目	二级科目	三级科目	四级科目	明细科目设置原则
6711-01-02	营业外支出	非流动资产处置损失	无形资产处置净损失		
6711-01-03	营业外支出	非流动资产处置损失	在建工程处置净损失		
6711-01-04	营业外支出	非流动资产处置损失	其他		
6711-02	营业外支出	债务重组损失			
6711-03	营业外支出	罚没支出			
6711-04	营业外支出	捐赠支出			
6711-05	营业外支出	固定资产盘亏			
6711-06	营业外支出	赔偿金			
6711-07	营业外支出	违约金			
6801	所得税费用				
6801-01	所得税费用	当期所得税费用			
6801-01-01	所得税费用	当期所得税费用	当期		
6801-01-02	所得税费用	当期所得税费用	以前年度所得税调整		
6801-02	所得税费用	递延所得税费用			
6901	以前年度损益调整				
6901-01	以前年度损益调整	一般调整事项			
6901-02	以前年度损益调整	重大会计差错			

二、设置账户借贷方向

设置账户，掌握借贷方向是正确编制会计分录的基础，根据账户的性质，分为资产类账户、负债类账户、所有者权益类账户、成本类账户、费用类账户和收入类账户，借贷记账法账户结构如下所示。

借	账户名称（会计科目）	贷
资产类期初余额		负债、所有者权益类期初余额
资产类本期增加数		负债、所有者权益类本期增加数
成本、费用类本期增加数		收入类本期增加数
负债、所有者权益类本期减少数		资产类本期减少数
收入类本期减少数		成本、费用类本期减少数
资产类期末余额		负债、所有者权益类期末余额

第2章
运输业务成本的核算

运输业务主要包括公路运输、铁路运输、水路运输、航空运输、管道运输、联合运输等，本章具体介绍不同的运输方式成本项目、成本核算对象、成本计算单位和成本计算期，以及会计核算。

第一节 公路运输成本项目与核算方法

公路运输是一种主要使用汽车在公路上进行客货运输的方式，它是最普及的一种运输方式。公路运输主要承担近距离、小批量的货运，水运、铁路运输难以到达地区的长途、大批量货运，还有铁路、水运难以到达的短途运输。

公路运输比铁路、航空运输具有更大的优越性，实现"门到门"运输，减少运输过程中的中转环节和装卸次数，尤其在短途货物集散运输上。

一、公路运输成本项目

在物流企业会计中，运输企业为了完成运输生产需要发生各项运营支出，形成营运成本。在运输企业营运成本的构成中，没有像工业产品成本那样具有构成产品实体并占相当高的比重的原材料和主要材料，而多是与运输工具使用有关的费用，如燃料、修理、折旧等支出。

在一定时期内的运输生产成本可视为这一期间的产品销售成本。而根据现行会计制度，这些成本在运输企业的"运输成本"科目中核算。公路运输企业会计核算的特点主要在于运输收入的分摊以及清算；成本核算方面重点在于燃料和轮胎等。

根据《企业会计准则》的规定，结合运输生产耗费的实际情况，运输成本项目可划分为直接人工、直接材料、其他直接费用、营运间接费用四个基本部分。

1. 直接人工

直接人工是指支付给营运车辆司机和助手的工资，包括司机和助手随车参加本人所驾车辆保养和修理作业期间的工资、工资性津贴、生产性奖金，以及按营运车辆司机和助手工资总额一定比例计提的职工福利费。

2. 直接材料

物流运输过程的直接材料包括：

（1）燃料，是指营运车辆运行过程所耗用的各种燃料，如营运过程耗用的汽油、柴油等燃料（自动卸车时所耗用的燃料也包括在内）；

（2）轮胎，是指营运车辆所耗用的外胎、内胎、垫带、轮胎翻新费和零星修补费用等。

3. 其他直接费用

其他直接费用主要包括：

（1）保养修理费，是指对营运车辆进行保养和修理时所需要的费用，包括料工费、修复件费、齿轮油费等；

（2）折旧费，是指按规定计提的营运级保养及各种修理所发生的料工费（包括大修理费用计提额），修复旧件费用和行车耗用的机油、齿轮油费用等；

（3）养路费，是指按规定向公路管理部门缴纳的营运车辆养路费；

（4）其他费用，是指不属于以上各项目的与营运车辆运行直接有关的费用，包括车管费（指按规定向运输管理部门缴纳的营运车辆管理费）、行车事故损失（指营运车辆在运行过程中，因行车事故发生的损失，但不包括非行车事故发生的货物损耗及由于不可抗力造成的损失）、车辆牌照和检验费、保险费、车船使用税、洗车费、过桥费、轮渡费、司机途中宿费、行车杂费等。

4. 营运间接费用

营运间接费用是指车队、车站、车场等基层营运单位为组织与管理营运过程所发生的，应由各类成本负担的管理费用和营业费用，包括工资、职工福利费、劳动保护费、取暖费、水电费、办公费、差旅费、修理费、保险费、设计制图费、试验检验费等。

二、成本计算对象、计算单位、计算期

1. 成本计算对象

公路运输业务营运车辆的车型较为复杂，为了反映不同车型的运输经济效益，通常以不同燃料和不同厂牌的营运作为成本核算对象。对于以特种大型车、集装箱车、零担车、冷藏车、油罐车从事运输业务的物流企业，应以不同类型、不同用途的车辆分别作为单独的成本核算对象。

2. 成本计算单位

公路运输业务成本计算单位是以汽车运输工作量的计量单位为依据，货物运输工作量通常称为货物周转量，其计量单位为"吨公里"，它是实际运送货物的吨数与运距的乘积。在实际工作中，通常以千吨公里作为成本计算的计量单位；集装箱车辆成本计算的计量单位为千标准箱公里。

3. 成本计算期

公路运输业务成本应按月、季、半年和年度计算，从年初到各月末的累计成本，通常不计算在产品成本。营运车辆在经营跨月运输业务时，通常以行车签发日期所归属的月份计算运输成本。

三、公路运输成本会计科目运用

公路运输成本会计科目主要有"主营业务成本"账户、"营运间接费用"账户、"辅助营运费用"账户等。

1. "主营业务成本"账户

"主营业务成本"下设二级科目"运输支出"，用于核算沿海、内河、远

洋和汽车运输企业经营旅客、货物运输业务所发生的各项费用支出。本科目应按运输工具类型或单车、单船设立明细账，并按规定的成本项目进行明细核算。远洋运输计算航次成本时，应按航次计算成本。

2. "营运间接费用"账户

"营运间接费用"账户属于成本类科目，发生营运间接费用时，借记"营运间接费用"科目，贷记"库存现金""银行存款""原材料""应付职工薪酬""累计折旧"等科目；月末，按一定标准分配当月所发生的营运间接费用，借记"主营业务成本"，下设"运输支出""装卸支出""堆存支出"等科目，贷记"营运间接费用"科目，本科目月末无余额。

3. "辅助营运费用"账户

"辅助营运费用"账户属于成本类科目，用来核算运输、港口企业发生的辅助船舶费用，还有企业生产部门生产产品和供应劳务所发生的辅助生产费用。

发生辅助营运费用时，借记"辅助营运费用"科目，贷记"库存现金""银行存款""原材料""应付职工薪酬""累计折旧"等科目；月末，按一定标准分配当月所发生的辅助营运费用，借记"主营业务成本"，下设"运输支出""装卸支出""堆存支出"等科目，贷记"辅助营运费用"科目，本科目月末无余额。

综上所述，主要账务处理见表 2-1。

表 2-1　"主营业务成本——运输支出"账户处理

业务情形	账务处理
能直接计入成本项目的费用	借：主营业务成本——运输支出 贷：原材料——燃料、材料、轮胎等 应付职工薪酬
不能直接计入成本项目的费用（月末处理）	借：主营业务成本——运输支出 贷：营运间接费用 辅助营运费用
期末转入"本年利润"	借：本年利润 贷：主营业务成本——运输支出

四、直接人工的归集与分配

运输企业支付给职工的工资总额，包括工资、奖金、津贴等，以及按工资总额一定比例提取的应付职工福利费，这些费用应按其用途和发生部门进行归集与分配，贷记"应付职工薪酬"。其中，营运车辆驾驶员和助手的工资及福利费，借记"主营业务成本——运输支出"科目及有关明细账；辅助生产部门（如车辆保修部门）人员工资及福利费，借记"辅助营运费用"科目及有关明细账；车队、车站、车场等基层运营单位管理人员工资及福利费，借记"营运间接费用"科目及有关明细账；企业行政管理人员工资及福利费，借记"管理费用"科目及有关明细账。

物流企业直接人工中的工资，每月根据工资结算表进行汇总与分配。对于有固定车辆的司机和助手的工资，直接计入各自成本计算对象；对于没有固定车辆的司机和助手的工资及后备司机和助手的工资，则需按一定标准（车日）分配计入各成本计算对象的成本，计算方法如下：

每一车日的工资分配额＝应分配的司机及助手工资总额÷各车辆总车日

营运车辆应分配的工资额＝每一车日的工资分配额×营运车辆总车日

分配标准有营运货物吨位和营运车日两种，计算公式如下：

$$工资费用分配率＝\frac{应分配的司机及助手工资总额}{总营运货物千吨公里（或总营运车日）}$$

【例 2-1】千原物流公司下设运输一队、运输二队及维修厂、车站等营运单位，运输成本由公司集中核算。

该公司 2023 年 3 月"工资分配表"，见表 2-2。

表 2-2　工资分配表

2023 年 3 月　　　　　　　　　　　　　　　　金额单位：元

借方科目			工资
主营业务成本	运输支出	运输一队	140 000
		运输二队	160 000
		小计	300 000
辅助营运费用	维修厂		40 000
营运间接费用	车站、车队		20 000
管理费用	行政部门		200 000
合计			560 000

借：主营业务成本——运输支出——运输一队（工资）　　　　140 000

　　　　　　　　　——运输支出——运输一队（工资）　　　　160 000

　　辅助营运费用——工资　　　　　　　　　　　　　　　　　40 000

　　营运间接费用——工资　　　　　　　　　　　　　　　　　20 000

　　管理费用——工资　　　　　　　　　　　　　　　　　　　200 000

　　贷：应付职工薪酬　　　　　　　　　　　　　　　　　　　　　　560 000

五、车存燃料的管理与分配

公路运输耗用的燃料主要包括车用柴油、汽油等，企业对车存燃料的两种不同管理方式：满油箱制和盘存制。

1. 满油箱制

满油箱制要求投入运营的车（船），在每次加油时必须充满油箱。月末根据领油凭证计算车（船）耗油的数额，从而考核车（船）的耗油情况。

2. 盘存制

盘存制要求每一投入运营的车（船）根据实际需要领料加油。月末，经过盘存油箱的实存数后，计算出当月实际耗油数量。

车存燃料应按用途归集和分配，车队营运车辆耗用的燃料，借记"主营业务成本——运输支出"科目及有关明细账，贷记"原材料——燃料"；辅助生产部门（如车辆保修部门）耗用的燃料，借记"辅助营运费用"科目及有关明细账，贷记"原材料——燃料"；车队、车站、车场等耗用的燃料，借记"营运间接费用"科目及有关明细账，贷记"原材料——燃料"；行政管理部门耗用的燃料，借记"管理费用"科目及有关明细账，贷记"原材料——燃料"。

对于燃料消耗，企业应根据燃料领用凭证进行汇总与分配。但必须注意，在燃料采用满油箱制的情况下，车辆当月加油数就是当月耗用数；在燃料采用盘存制的情况下，当月燃料耗用数应按公式确定：

车辆当月实际耗用的燃料数＝月初车存数＋本月领用数－月末车存数

在实际工作中，企业应于月末根据燃料领用凭证，按领用部门编制"燃料耗用汇总表"，据以登记有关总账和明细账。

【**例 2-2**】千原物流公司对车存燃料实行盘存制管理，该公司 2023 年 3 月"燃料耗用汇总表"，见表 2-3。

表 2-3　燃料耗用汇总表

2023 年 3 月　　　　　　　　　　　　　　　　金额单位：元

领用单位	期初油箱存油	本月领用	期末油箱存油	本月耗用
运输一队	35 000	140 000	28 000	147 000
运输二队	55 000	178 000	48 000	185 000
维修厂	8 000	28 000	5 000	31 000
车站、车队	3 000	25 000	4 000	24 000
公司本部	7 000	48 000	6 000	49 000
合计	108 000	419 000	91 000	436 000

根据上表数据，编制会计分录，登记账簿。

借：主营业务成本——运输支出——运输一队（燃料）　　147 000

　　　　　　　　　　——运输支出——运输二队（燃料）　　185 000

　　辅助营运费用——燃料　　　　　　　　　　　　　　　31 000

　　营运间接费用——燃料　　　　　　　　　　　　　　　24 000

　　管理费用——燃料　　　　　　　　　　　　　　　　　49 000

　　贷：原材料——燃料　　　　　　　　　　　　　　　　　　436 000

企业可对燃料采用计划成本进行核算，设置"材料成本差异"科目，材料成本差异额是指材料的实际成本与计划成本之间的差额，正数表示超支的成本，负数表示节约的成本。材料成本差异率是指差异额与计划成本的比例。按计划成本核算成本的企业在结算成本时需要同时结转材料成本差异额。

【例 2-3】某汽车运输公司燃料采用盘存制，并按计划成本核算。3 月燃料差异耗用汇总，见表 2-4。

表 2-4　燃料差异（汽油）耗用计算汇总表

2023 年 3 月

领用单位	本月领用（升）（a）	期初存油（升）（b）	期末存油（升）（c）	本月耗用（升）(d)＝a+b−c	计划成本（元/升）(e＝d×7)	成本差异1%（元/升）(f＝e×1%)
短途车队	14 000	900	400	14 500	101 500	1 015
长途车队	21 000	700	800	20 900	146 300	1 463
修理厂	900	300	200	1 000	7 000	70

领用单位	本月领用(升)(a)	期初存油(升)(b)	期末存油(升)(c)	本月耗用(升)(d)=a+b−c	计划成本（元/升）(e=d×7)	成本差异1%（元/升）(f=e×1%)
公司本部	700	100	150	650	4 550	45.50
合计	36 600	2 000	1 550	37 050	259 350	2 593.50

根据表2-4，财务部门编制会计分录如下：

借：主营业务成本——运输支出——短途车队　　　　　101 500

　　　　　　——运输支出——长途车队　　　　　146 300

　　辅助营运费用　　　　　　　　　　　　　　　　7 000

　　管理费用　　　　　　　　　　　　　　　　　　4 550

　　贷：原材料——燃料　　　　　　　　　　　　　　　259 350

编制成本差异会计分录如下：

借：主营业务成本——运输支出——短途车队　　　　　1 015

　　　　　　——运输支出——长途车队　　　　　1 463

　　辅助营运费用　　　　　　　　　　　　　　　　70

　　管理费用　　　　　　　　　　　　　　　　　　45.50

　　贷：原材料——燃料　　　　　　　　　　　　　　2 593.50

六、材料费用的归集与分配

材料费用主要包括轮胎内胎、垫带、修理用备件以及各种消耗性材料等费用。企业在经营过程中耗用的材料，应按照材料的领用部门和用途归类。车队营运车辆耗用的材料，应借记"主营业务成本——运输支出"科目及有关明细账，贷记"原材料"；辅助生产耗用的材料，应借记"辅助营运费用"科目及有关明细账，贷记"原材料"；车队、车站、车场耗用的材料应借记"营运间接费用"科目及有关明细账，贷记"原材料"；行政管理部门耗用的材料，应借记"管理费用"科目及有关明细账，贷记"原材料"。

营运车辆领用轮胎内胎、垫带及轮胎零星修补费等，一般根据轮胎领用汇总表及有关凭证，按实际数直接计入各成本计算对象。

领用外胎，其成本差异也直接计入各成本计算对象，而其计划成本如何计入各成本计算对象，则有不同的处理方法：

（1）当采用外胎价值一次摊销计入成本的办法时，应根据"轮胎发出汇总表"进行归集与分配；

（2）发生外胎翻新费时，根据付款凭证直接计入各成本计算对象；

（3）当采用按行驶轮胎公里预提轮胎费用摊入成本的办法时，其成本（包括废胎里程增加或减少的费用调整）应根据"轮胎摊提费用计算表"进行归集与分配；

（4）轮胎翻新费包括在摊提率之内计算的，发生翻新费时，实际翻新费用与计划翻新费用的差额，根据记账凭证所附原始凭证调整计入各成本计算对象的成本；轮胎翻新费用不包括在摊提率之内计算的，发生的轮胎翻新费直接计入相应成本计算对象的成本；

（5）需要注意的是，对于外胎采用按行驶里程摊提法的企业，则应根据外胎行驶里程的原始记录和外胎里程摊提率，编制外胎摊提费用计算表，方便对外胎费用进行归集和分配。核算一年内平均每月的运输成本，计算公式为：

千胎公里摊提额＝（外胎计划价格－计划残值）÷轮胎到报废行驶里程定额×1 000

某车型外胎应计提摊提费用＝千胎公里摊提额×该车型外实际使用胎公里÷1 000

【例 2-4】2023 年 3 月，宁佳物流公司根据轮胎规格进行外胎里程费用摊提。规格 175 毫米摊提率为 0.85％，规格 185 毫米摊提率为 0.90％，具体数据见表 2-5。

表 2-5　外胎里程摊提费用表

2023 年 3 月 31 日　　　　　　　　　　　　　　金额单位：元

部门	轮胎规格	实际行驶里程	每车装胎条数	实际行驶胎公里	报废外胎超、亏里程	胎公里合计	里程摊提率	摊提额
第一车队	175 毫米	146 000	6	876 000	－1 500	874 500	0.85％	7 433.25
第二车队	185 毫米	135 000	6	810 000	－900	809 100	0.90％	7 281.90
合计	—	281 000	—	—	—	—	—	14 715.15

根据以上资料，会计分录如下：

借：主营业务成本——运输支出——第一车队——轮胎 7 433.25

     ——运输支出——第二车队——轮胎 7 281.90

 贷：周转材料——预提轮胎费用 14 715.15

在实际工作中，企业应于月末根据"材料发出汇总表"编制"材料费用分配表"，将材料费用计入成本费用中。

【例 2-5】千原物流公司 2023 年 3 月编制"材料费用分配表"，见表 2-6。

表 2-6 材料费用分配表   金额单位：元

借方科目	领用部门	内胎、垫带	合计
主营业务成本——运输支出	运输一队	25 000	25 000
	运输二队	21 000	21 000
辅助营运费用	维修厂	1 270	1 270
营运间接费用	车站、车队	2 400	2 400
管理费用	公司总部	4 000	4 000
合计		53 670	53 670

根据表 2-6，编制会计分录。

借：主营业务成本——运输支出——运输一队（轮胎费） 25 000

     ——运输支出——运输二队（轮胎费） 21 000

 营运间接费用——材料费 2 400

 辅助营运费用 1 270

 管理费用——材料费 4 000

 贷：原材料 53 670

七、折旧费用的归集与分配

企业计提折旧应当根据《企业会计准则》和《企业财务通则》（财政部令第 41 号）的规定，选择本企业的折旧方法。折旧方法一经确定，不得随意变动。折旧方法有平均年限法、工作量法、双倍余额递减法、年数总和法等。物流运输企业对车辆采用工作量法计提折旧，其余各类固定资产采用平均年限法。

企业每月末计提固定资产折旧，并按其使用部门进行归集和分配，营运车辆折旧费记入"主营业务成本——运输支出"科目及有关明细账；辅助生产部门的固定资产折旧费，记入"辅助营运费用"科目及有关明细账；车队、车站、车场等基层单位的固定资产折旧费，记入"营运间接费用"科目及有关明细账；行政管理部门的固定资产折旧费，记入"管理费用"科目及有关明细账。每月计提折旧的工作一般是通过编制"固定资产折旧计算表"分配。

【例2-6】千原物流公司2023年3月编制"固定资产折旧计算表"，见表2-7。

表2-7　固定资产折旧计算表　　　　　　　　金额单位：元

借方科目	使用部门	本月计提折旧额				合计
		营运车辆	非营运车辆	机器设备	房屋及建筑物	
主营业务成本——运输支出	运输一队	32 000	—	—	—	32 000
	运输二队	28 000	—	—	—	28 000
辅助营运费用	维修厂	—	1 000	2 000	900	3 900
营运间接费用	车站、车队	—	1 200	1 500	800	3 500
管理费用	公司总部	—	2 400	500	1 100	4 000
合计		60 000	4 600	4 000	2 800	71 400

根据表2-7，编制会计分录。

借：主营业务成本——运输支出——运输一队（折旧费）　32 000
　　　　　　　　——运输支出——运输二队（折旧费）　28 000
　　辅助营运费用——折旧费　　　　　　　　　　　　　3 900
　　营运间接费用——折旧费　　　　　　　　　　　　　3 500
　　管理费用——折旧费　　　　　　　　　　　　　　　4 000
　　贷：累计折旧　　　　　　　　　　　　　　　　　　　　71 400

八、保修费用的归集与分配

物流企业车辆的各级保养和修理作业，分别由车队保修班和企业所属保养场（保修部门）进行。由车队保修班进行的各级保修和小修理费用，分别包括车队保修工人的工资及职工福利费、行车耗用的机油和保修车辆耗用燃料、润料和备品配件等，一般可以根据各项凭证汇总，全部直接计入计算对象的成本。对于保修车间发生的共同性费用，可按营运车日比例分配计入各车队运输成本。由保养场进行保修所发生的费用，属于辅助生产费用，在发生时先记入"辅助营运费用"账户，月末按受益对象进行分配后，记入有关成本费用。

【例 2-7】某物流公司车辆大修理由外部专业修理厂进行。大修理费用在发生时一次计入本期运输成本。2023 年 3 月，以银行存款支付车辆大修理费用 10 000 元，其中运输一队车辆大修理费用 4 000 元，运输二队车辆大修理费用 5 000 元，公司管理部门车辆大修理费用为 1 000 元，分别计入相关成本费用账户。会计分录如下：

借：主营业务成本——运输支出——运输一队（保修费）　　　4 000
　　　　　　　　　——运输支出——运输二队（保修费）　　　5 000
　　管理费用——保修费　　　　　　　　　　　　　　　　　1 000
　　贷：银行存款　　　　　　　　　　　　　　　　　　　　　　10 000

九、养路费的归集与分配

物流企业向公路管理部门缴纳车辆养路费，一般按照货车吨位数计算缴纳。因此，企业缴纳的车辆养路费可以根据缴款凭证直接计入各成本计算对象的成本及有关费用账户。

【例 2-8】某物流公司 2023 年 3 月按规定缴纳的车辆养路费为 9 200 元，其中运输一队为 3 200 元，运输二队为 3 800 元，公司管理部门为 2 200 元。根据缴款凭证，会计分录如下。

借：主营业务成本——运输支出——运输一队（养路费）　　　3 200
　　　　　　　　　——运输支出——运输二队（养路费）　　　3 800
　　管理费用——养路费　　　　　　　　　　　　　　　　　2 200
　　贷：银行存款　　　　　　　　　　　　　　　　　　　　　　9 200

十、其他费用的归集与分配

其他费用是指车辆在营运过程中发生的除上述各项费用以外的费用，如公路运输管理费、行车事故导致的费用、行车杂费等。这些费用虽然内容复杂、项目繁多，但都可以在费用发生时根据费用凭证直接计入有关成本费用账户。

【例 2-9】某物流公司 2023 年 3 月按规定缴纳的车辆管理费，以及支付的车辆过桥费、过路费、车辆清洗费等，根据各项付款凭证汇总，金额总计为6 000元，其中运输一队为 3 000 元，运输二队为 2 000 元，公司管理部门为1 000元。根据缴款凭证，会计分录如下。

借：主营业务成本——运输支出——运输一队（车辆过桥费、过路费、
车辆清洗费等）　　　　　　　　　　　　　3 000
　　　　　　——运输支出——运输二队（车辆过桥费、过路费、
车辆清洗费等）　　　　　　　　　　　　　2 000
　　管理费用——车辆过桥费、过路费、车辆清洗费等　　　1 000
　　贷：银行存款　　　　　　　　　　　　　　　　　　　6 000

十一、辅助营运费用的归集与分配

辅助营运费用主要是指为本企业车辆、装卸机械进行保养修理而设置的保养场或保修车间在提供劳务和生产产品时所发生的各项费用。

1. 辅助营运费用的归集

辅助营运费用的归集和分配是通过"辅助营运费用"科目进行的。一般应按车间以及产品或劳务的各类设置明细账，并按照成本项目或费用项目设置专栏进行明细核算。辅助生产过程中发生的直接材料、直接人工费用，分别根据"材料费用分配表""工资及福利费分配表"和有关凭证，记入该科目及其明细账的借方；辅助生产过程中发生的间接费用，应先借记"营运间接费用"，然后再转入"辅助营运费用"科目。

如果辅助生产车间规模较小，发生的间接费用较少，又不对外销售产品或提供劳务，间接费用可以不通过"营运间接费用"账户核算，而直接记入"辅助营运费用"账户。

【例 2-10】千原物流公司下设一个汽车维修场，2023 年 3 月"辅助营运费用明细账"，其中各项费用是根据前述各种费用分配表登记的。辅助营运费用明细账见表 2-8。

表 2-8　辅助营运费用明细账　　　　　　　金额单位：元

2022		摘要	工资及福利费	燃料费	折旧费	材料费	其他	合计
3	31	根据表 2-2	40 000	—	—	—		40 000
		根据表 2-3	—	31 000	—	—		31 000
		根据表 2-6	—	—	3 900	—		3 900
		根据表 2-7	—	—	—	1 270		1 270
		合计	40 000	31 000	3 900	1 270	—	76 170

2. 辅助营运费用的分配

辅助生产部门主要是为营运生产部门服务的，月末时应将归集在"辅助营运费用明细账"借方的全部费用转给受益单位，如果受益单位只有一个，应将全部辅助营运费用转给这个受益单位；如果受益单位是两个或两个以上，则根据一定的标准进行分配。

【例 2-11】根据表 2-8"辅助营运费用明细账"归集的本月辅助营运费用为 76 170 元，按修理工时比例进行分配。本月维修厂修理总工时为 2 000 工时，其中运输一队耗用 800 工时，运输二队耗用 1 200 工时，则辅助营运费用分配如下：

辅助营运费用分配率＝76 170÷2 000＝38.09（元/时）

运输一队负担辅助营运费用＝800×38.09＝30 472（元）

运输二队负担辅助营运费用＝76 170－30 472＝45 698（元）

编制辅助营运费用分配表，见表 2-9。

表 2-9　辅助营运费用分配表

2022 年 3 月

成本计算对象	分配标准（工时）	分配率（元/时）	分配额（元）
运输一队	800	38.09	30 472
运输二队	1 200	38.09	45 698
合　计	—	—	76 170

根据表 2-9，编制会计分录，登记账簿。

借：主营业务成本——运输支出——运输一队（保修费）　30 472

　　　　　　　　——运输支出——运输二队（保修费）　45 698

　　贷：辅助营运费用　　　　　　　　　　　　　　　　76 170

十二、营运间接费用的归集与分配

营运间接费用是指物流公司所属的基层营运单位（车队、车站、车场），为组织和管理营运生产过程所发生的，不能直接计入成本核算对象的各种间接费用。

1. 营运间接费用的归集

营运间接费用是通过"营运间接费用"科目进行归集和分配的。企业如实行公司和站、队两级核算体制，则"营运间接费用"账户应按基层营运单位设置明细账，并按费用项目进行核算；如实行公司集中核算制，则可以不按基层营运单位设置明细账，而直接按费用项目进行明细核算。

【例 2-12】假设某物流公司的营运成本由公司集中核算。2023 年 3 月，各站、队发行的各项营运间接费用，除前面例题中的工资及福利费、燃料费、折旧费外，还有以下几项：以现金支付办公费 500 元，本月应负担水电费 1 000 元，各项营运间接费用已记入"营运间接费用明细账"，见表 2-10。

表 2-10　营运间接费用明细账

2023		凭证字号	摘要	工资及福利费	燃料费	折旧费	水电费	办公费	其他	合计
3	31	略	略	20 000	—	—	—	—	—	20 000
		略	略	—	24 000	—	—	—	—	24 000
		略	略	—	—	3 500	—	—	—	3 500
		略	略	—	—	—	1 000	—	—	1 000
		略	略	—	—	—	—	500	—	500
		略	略	—	—	—	—	—	2 400	2 400
		合计		20 000	24 000	3 500	1 000	500	2 400	51 400

2. 营运间接费用的分配

月末，应将归集起来的营运间接费用分配转入各成本核算对象，实行公司和站、队两级核算制企业，车站、车队等单位发生的营运间接费用分别设置明细账归集的，在分配时，车队经费可以分别直接计入车队运输成本；车站经费全部由运输业务承担，一般应按照车队营运车日比例分配计入车队运输成本。实行公司集中核算制的企业，各站、队发生的营运间接费用是合并设账归集的，归集起来的全部营运间接费用，按营运车日比例分配计入各车队运输成本。

【例 2-13】某物流公司只经营货物运输业务，实行公司集中核算制，各站、队合并设账归集营运间接费用。2023 年 3 月，"营运间接费用明细账"归集本月营运间接费用为 51 400 元，按营运车日比例进行分配，本月营运车日共计 2 500 日，其中运输一队 1 000 日，运输二队 1 500 日。根据以上资料，编制"营运间接费用分配表",见表 2-11。

表 2-11　营运间接费用分配表

2023 年 3 月

成本计算对象	分配标准（日）	分配率	分配额（元）
运输一队	1 000	20.56	20 560
运输二队	1 500	20.56	30 840
合　计	2 500	—	51 400

根据表 2-11，编制会计分录。

借：主营业务成本——运输成本——运输一队（营运间接费用）

20 560

——运输成本——运输二队（营运间接费用）

30 840

贷：营运间接费用　　　　　　　　　　　　　51 400

十三、运输总成本的计算

运输成本是在各项运输费用归集和分配的基础上，通过运输支出明细账而计算出来的。运输支出明细账应按成本计算对象开设，按成本项目划分专栏进行登记。

运输成本是车辆直接费用与营运间接费用之和，运输总成本除以运输周转量就是运输单位成本。计算公式如下：

运输单位成本（元/吨公里）＝运输总成本÷运输周转量

【例 2-14】某物流公司 2023 年 3 月"运输成本计算表"见表 2-12。假设该公司 2023 年 3 月运输周转量为 50 000 吨公里。其中，运输一队为 2 000 吨公里，运输二队为 3 000 吨公里。

表 2-12　运输成本计算表

编制单位：某物流公司　　　　　　2023 年 3 月　　　　　　金额单位：元

项目	本月实际			本年累计（略）		
	合计	运输一队	运输二队	合计	运输一队	运输二队
一、车辆直接费用	769 200	359 600	409 600			

续上表

项目	本月实际			本年累计（略）		
	合计	运输一队	运输二队	合计	运输一队	运输二队
1. 工资及福利费	300 000	140 000	160 000			
2. 燃料费	332 000	147 000	185 000			
3. 轮胎费	10 200	5 400	4 800			
4. 折旧费	60 000	32 000	28 000			
5. 材料费	46 000	25 000	21 000			
6. 修理费	9 000	4 000	5 000			
7. 养路费	7 000	3 200	3 800			
8. 其他费用	5 000	3 000	2 000			
二、营运间接费用	51 400	20 560	30 840			
三、辅助营运费用	87 600	35 040	52 560			
四、运输总成本	908 200	415 200	493 000			
五、运输周转量（吨公里）	50 000	20 000	30 000			
六、运输单位成本	18.16	20.76	16.43			

第二节　铁路运输成本项目与核算方法

铁路运输是使用铁路列车运送货物的一种运输方式。铁路运输主要承担长距离、大数量的货运，在没有水运条件的地区，它是陆地长距离运输的主要方式。铁路运输的优点是速度快，长距离运输大批量货物，运输成本低。缺点是只能在固定轨道上行驶，灵活性差，铁路运输一般是按照规定时间表运营的，发货的频率比公路运输低。运输的起点和终点需要汽车进行转运，从而增加搬运次数。

一、铁路运输业务成本项目

1. 与铁路设施相关的成本

由于铁路运输和其他运输方式不同，导致铁路运输成本核算与其他运输方式有所不同。

（1）自行修建铁路运输铁轨，其中开通隧道和建设路轨也属于整个工程。此工程中路线、隧道、通信、车站等运输设备都是旅客与货车共同运用，维修费用核算在计算时需要分别计入旅客、货运成本，所以铁路营运支出按规定要求把所有营运支出划分为客运支出和货运支出两种。

客运支出的计算公式为

$$旅客人公里成本＝客运支出总额÷旅客万人公里$$

货运支出的计算公式为

$$货物吨公里成本＝货运支出总额÷货物万吨公里$$

货物吨公里成本单位为元/万吨公里或元/吨公里。

（2）由于铁路路线十分复杂，每一段路线都分散在基层单位，所以铁路运输的成本核算并非通过专用账户而是运用成本计算表汇集计算。铁路运输成本如果采用按月计算，难度较大。因此，物流企业通常采用按年或季度结算成本。

在火车运输成本的核算中，计算客运、货运单位支出就是划分客运、货运支出。在实际铁路运输过程中经常会出现客运、货运兼营的现象，所以在区分和分析每一项营运支出时，在铁路的基层单位直接计入客运、货运支出。

2. 与营运生产相关的成本

铁路运输营运成本是指铁路运输企业在营运生产过程中实际发生的与营运生产直接有关的各项支出，主要包括：

（1）运输企业直接从事营运生产活动人员的工资、奖金、津贴、补贴，按批准的结算工资收入与实际工资支出的；

（2）营运生产经营过程中运输设备所消耗的材料、燃料、润料、电力和其他费用；

（3）营运生产经营过程中运输设备养护修理所耗用的材料、备件、配件、燃料、润料、电力、工具及其他费用；

（4）运输用固定资产折旧费；

（5）为恢复固定资产原有性能和生产能力，对固定资产进行周期性大修理的费用；

（6）运输生产经营过程中支付的线路使用费、车站旅客服务费、旅客列车上水费、电力接触网使用费、挂运客车使用费、机车等移动设备费或租赁费、行包专列发送服务费、车辆使用费、车辆挂运费，以及向其他提供产品或服务单位支付的其他付费支出；

（7）合理建议及技术改进奖；

（8）运输生产经营过程中发生的季节性或修理期间的停工损失、事故净损失；

（9）按照国家有关规定可能在成本列支的其他费用，主要包括生产部门的线路使用费、车站旅客服务费、挂运客车使用费、机车等移动设备使用费或租赁费、行包专列发送服务费、生产部门的差旅费、劳动保护费等费用。

为了成本核算的需要，对以上各项费用按性质可分为六大类，形成铁路运输营运成本项目，包括工资、材料、燃料、电力、折旧和其他。

3. 铁路运输成本会计科目运用

"主营业务成本"账户是损益类账户，借方登记营运生产过程中发生的与营运生产直接有关的各项费用，贷方登记期末转入"本年利润"账户的营运成本数额，结转后期末无余额。本账户下按铁路运输作业性质设线路及建筑物、设备、运输和其他四个二级明细账户。

（1）线路及建筑物，主要核算线路、房屋建筑物、信号、通信、水电、设备的养护修理费及折旧费。工务费用、电务信号费用、电气铁路供电系统费用应区分成本计算区间和正线、站线进行核算。

（2）设备，主要核算机车、车辆、轮渡等移动设备及相关设施的养护修理费及折旧费。

（3）运输，主要核算列车、机车、车辆运行和为运输提供服务的车站，发生的直接支出及运输生产过程中发生的付费支出。

（4）其他项目，主要核算未归入以上三大类的其他营运成本费用。

二、铁路运输业务成本的核算

铁路运输企业在营运生产过程中实际发生的与营运生产直接有关的各项支出，直接计入主营业务成本；属于期间费用的各项支出，记入管理费用、财务费用；属于营业外支出的各项支出，记入营业外支出。

【例2-15】根据"工资分配表"，本月应付职工工资289 000元，其中：用于线路及建筑物98 000元，设备维修人员74 000元，运输整备人员43 000元，其他人员74 000元。

借：主营业务成本——线路及建筑物（工资）　　　　　98 000

　　　　　　　　——设备（工资）　　　　　　　　　74 000

　　　　　　　　——运输（工资）　　　　　　　　　43 000

　　　　　　　　——其他（工资）　　　　　　　　　74 000

　　贷：应付职工薪酬——工资　　　　　　　　　　　289 000

【例 2-16】根据"材料耗用汇总表"，本月耗用材料共计 311 000 元，其中：用于线路及建筑物 132 000 元，设备维修人员 82 000 元，运输整备人员 65 000 元，其他人员 32 000 元。

借：主营业务成本——线路及建筑物（材料）　　　　132 000

　　　　　　　　——设备（材料）　　　　　　　　　82 000

　　　　　　　　——运输（材料）　　　　　　　　　65 000

　　　　　　　　——其他（材料）　　　　　　　　　32 000

　　贷：原材料　　　　　　　　　　　　　　　　　　311 000

【例 2-17】根据"固定资产折旧汇总表"，本月固定资产折旧如下：用于线路及建筑物 85 000 元，设备维修人员 62 000 元，运输整备人员 45 000 元，其他人员 22 000 元。

借：主营业务成本——线路及建筑物（折旧）　　　　85 000

　　　　　　　　——设备（折旧）　　　　　　　　　62 000

　　　　　　　　——运输（折旧）　　　　　　　　　45 000

　　　　　　　　——其他（折旧）　　　　　　　　　22 000

　　贷：累计折旧　　　　　　　　　　　　　　　　　214 000

第三节　水路运输成本项目与核算方法

　　水路运输是一种利用船舶在海洋或陆地内河、湖泊运送货物的运输方式。水路运输具有运输量大、运输成本低、运费低廉优点，缺点是运输速度慢、航行周期长，易受港口、水位、季节和自然条件的影响，风险较大。

一、船舶运输类别与成本核算对象、计算单位和计算期

　　水路运输有几种形式：一是沿海、近海运输，通过陆地附近沿海航道运送货物，或者通过陆地邻近国家海上航道运送货物的一种形式，可使用中型

船舶，也可使用小型船舶；二是内河运输，在陆地内的江、河、湖、川等水道进行运输，主要使用中、小型船舶；三是远洋运输，使用船舶跨大洋的长途运输形式，主要依靠运量大的大型船舶。

1. 运输类别

（1）沿海、近海运输。

船舶在陆地附近沿海航线上航行，经营沿海或者近海各港口之间的货物运输业务。沿海运输船舶大部分为吨位较大的机动船舶，很少有拖轮和驳船参加营运。近海运输是指两个国家之间的运输，一般使用中型船舶。

（2）内河运输。

船舶在陆地内的江、河、湖等水道上航行，经营江河港口之间的货物运输业务，主要使用小型船舶，有时也使用中型船舶。与沿海、远洋运输相比，内河运输有以下特点：运输船舶较小，主要以拖驳运输为主，航线较短，航次时间短，因此，内河运输成本的核算与沿海和远洋运输相比有不同的特点。

（3）远洋运输。

远洋运输船舶往往吨位较大，常在万吨以上，如货轮、集装箱船、油轮及其他专用船舶。其运距较长，一个航次时间常在一个月以上，甚至长达数月。

2. 成本核算对象

由于水路货物运输、沿海货物运输、远洋货物运输都是由船舶完成的，因此船舶耗用的材料、燃料、人工等是成本核算的主要项目。

水路货物运输企业一般以货运业务作为成本核算对象，由于经营管理的需要，企业还可以将单船、船舶类型（货轮、油轮、拖轮等）、航次、航线等作为成本核算的对象，其中，单船成本是基础，据此可以计算船舶类型成本、货运成本等。

（1）沿海、近海货物运输一般先计算单船成本，然后在此基础上定期或不定期计算货运综合成本，船舶类型成本。沿海运输一般不计算航次成本和航线成本。

（2）由于船舶类型较多，内河货物运输企业应按照运输种类为成本核算对象计算运输分类成本。分类成本主要包括货运（货轮货运、客货轮货运、拖驳货运）、油运（油轮油运、拖驳油运）、排运（指拖驳排运）。

（3）远洋货物运输以单船的航次为成本核算对象，计算单船的航次成本。原因是远洋运输船舶航次时间长，吨位较大，报告期终了未完成航次运输量和运输费用较大，且期初跨进与期末跨出的运输量和运费极为悬殊。所以，为了保证正确核算运输成本，必须按航次计算成本。

综上所述，船舶运输成本核算对象、成本计算单位和成本计算期，见表2-13。

表 2-13　成本核算对象、成本计算单位和成本计算期

项　　目	内　　容	
成本核算对象	沿海、近海运输以单船、船舶类型作为成本核算对象，先核算每艘船舶运输成本，在此基础上再计算船舶类型成本	
	内河运输通常以运输船舶类型作为成本核算对象	
	远洋运输以单船的航次作为成本核算对象	
成本计算单位	（1）按月（季、年）已完航次的周转量计算单位成本； （2）按船舶的吨位公里（沿海运输较常见）； （3）按千吨为单位计算（远洋运输计算同航线成本常见）； （4）按元/千吨海里（内河货物运输常用）	
成本计算期	沿海运输	按月（季、度）、半年度和年度计算成本： （1）吨位小、船舶费用较低，各月底未完航次的成本数额较均衡； （2）船舶燃料费和港口费通常按已完航次的消耗数计算
	远洋运输	按航次计算成本： （1）各月底未完航次的次数不均衡； （2）航次：单程航次、往复航次、定期班轮可按班期算； （3）船舶的航次时间，应以上一航次最终港卸空所载货物起，至本行次最终港卸空所载货物时止

二、水运企业一般营运成本费用的归集与分配

为了正确核算营运费用，物流运输企业在归集和分配各项费用时，应遵循以下原则：能分清成本计算对象的，应直接计入营运成本；不能分清成本计算对象的，应采用适当的方法分配计入。而由期间费用负担的支出，应直接计入当期损益。

1. 材料物资费用的归集和分配

材料物资费用是指企业在业务活动中耗用的各种燃料、润料、备品、配

件、通信器材、导航器材、低值易耗品、水费、动力费及其他材料物资等。

（1）企业在营运活动中耗用的各种燃料、润料应根据相关领料凭证，按其用途分别予以核算，记入"主营业务成本——运输支出、装卸支出、堆存支出、其他支出、港务管理支出""船舶维护费用""营业外支出""辅助营运费用""营运间接费用"等账户。

（2）企业消耗的各种材料、备品、配件、通信导航器材及其他材料，应根据相关凭证，按用途分别记入"主营业务成本——运输支出、装卸支出、堆存支出、其他支出、港务管理支出""船舶维护费用""营业外支出""辅助营运费用""营运间接费用""船舶维护费用""船舶固定费用""集装箱固定费用""管理费用""销售费用"等账户。

（3）企业发生的水费、动力费及照明费，应记入"辅助营运费用"账户。

2. 工资的归集与分配

企业根据规定的工资标准计算职工工资，以及给予的航行津贴、船岸差、油轮津贴、危险品津贴等工资性津贴和补贴，应按标准支付并计入相关成本及其工资费用项目。

（1）运输船舶船员的工资，应由客货运输业务成本负担，记入"船舶固定费用"（海洋运输企业），"主营业务成本——运输支出"（内河运输企业）等账户；海洋运输企业替补公休船员、后备船员、培训船员的工资，记入"船舶共同费用"账户；内河运输企业后备船员工资，如果能够确认船舶类型，则直接记入"主营业务成本——运输支出"；如果不能确认船舶类型，则通过分配计入各船舶类型运输成本；客货轮船员中客货运输业务员、客运服务员的工资，分别计入客运和货运成本，客货轮船上为旅客服务的其他人员的工资，由"其他业务成本"负担；非通航期间船员的工资，应记入"船舶维护费用"账户；因发生水灾或水利建设造成断航，在断航期间发生的工资应记入"营业外支出"账户；从事其他业务的职工工资应记入"其他业务成本"账户。

（2）从事装卸、堆存、港务管理业务的职工工资，记入"主营业务成本——装卸支出、堆存支出、港务管理支出"账户。

（3）辅助营运部门人员、自营港埠人员、船队管理人员的工资，记入"辅助营运费用""营运间接费用"账户。

（4）企业揽货部门和营销部门人员的工资，记入"销售费用"账户；行政管理人员的工资，记入"管理费用"账户。

3. 固定资产折旧费用的归集和分配

水路运输企业的固定资产应按月计提折旧，月末编制"固定资产折旧计算分配表"，据以计入有关营运成本和期间费用。

运输企业的船舶折旧一般按单船计提，海洋运输船舶可按船舶主要部件分别计提，其他固定资产按单项固定资产计提。根据"固定资产折旧计算分配表"，分别记入"船舶固定费用"（海洋运输企业），"主营业务成本——运输支出"（内河企业）"其他业务成本""集装箱固定费用""辅助营运费用""营运间接费用""销售费用""管理费用"等账户。

港口企业应按照港务设施、库场设施、通信设施、装卸机械、船舶车辆、机器设备等各类固定资产计提折旧，分别记入"主营业务成本——装卸支出、堆存支出、港务管理支出"和"辅助营运费用"账户。

4. 固定资产修理费和租赁费的归集与分配

企业发生的固定资产修理费用均要据实列支，计入当期营运业务成本和期间费用，账务处理见表 2-14。

表 2-14　固定资产修理费和租赁费的归集与分配

业务情景	账务处理
营运船只发生的修理费用按单船进行归集，其他固定资产发生的修理费用，应按固定资产类别归集	借：船舶固定费用（海洋运输企业） 　　主营业务成本——运输支出（内河运输企业） 　　　　　　　　——装卸支出、堆存支出、港务管理支出（港口企业） 　　其他业务成本 　　集装箱固定费用 　　辅助营运费用 　　营运间接费用 　　销售费用 　　管理费用 　　贷：银行存款（其他应付款等）
有封冻、枯水等非通航期间内河运输业发生的非通航期船舶修理费	借：船舶维护费用 　　贷：银行存款（其他应付款等）
因水灾、水利建设发生断航，在断航期间发生的修理费	借：营业外支出 　　贷：银行存款（其他应付款等）

业务情景	账务处理
经营性租入固定资产修理费	计入相关业务成本或期间费用。 借：管理费用 　　贷：银行存款（其他应付款等）
因从事营运活动，以经营租赁方式租入固定资产而支付的租赁费	借：主营业务成本——装卸支出、堆存支出、港务 　　　　　　管理支出（港口企业） 　　其他业务成本 　　贷：银行存款（其他应付款等）

5. 事故损失费用的归集和分配

企业发生的海损、机损、行车事故和人身伤亡事故损失，按净损失（事故损失扣除保险赔款后的余额）计入当期相关业务营运成本。当年不能结案时，按估计净损失预提事故费用，计入当期相关营运成本，以后年度结案时，将实际净损失与预提数之差调整结案年度相关营运成本。

企业发生的货损、货差等质量事故损失（包括货物在运输或装卸过程中，因企业责任发生的货物丢失、短缺、毁损、受潮、污染、差错等事故损失），在扣除过失人支付的赔偿金后，按净损失计入有关营运业务成本。由于不可抗拒的质量事故损失，按实际损失扣除残值和保险赔偿款后的净损失计入当期"营业外支出"账户。

6. 税金及其他费用的归集与分配

税金及其他费用的归集与分配，账务处理见表 2-15。

表 2-15　税金及其他费用的归集与分配

业务情形	账务处理
按规定缴纳的车船税、房产税、土地使用税和印花税等	借：船舶固定费用（海洋运输企业） 　　主营业务成本——运输支出（内河运输企业） 　　主营业务成本——装卸支出、堆存支出、港 　　　　　　　　　　务管理支出（港口企业） 　　其他业务成本 　　集装箱固定费用 　　辅助营运费用 　　营运间接费用 　　销售费用 　　管理费用 　　贷：银行存款（其他应付款、应付账款等）

业务情形	账务处理
支付航道养护费、过闸费	借：主营业务成本——运输支出（航道养护费） 贷：银行存款（其他应付款、应付账款等）
港口费、集装箱货物费、转口费、倒载费、吨税、过境税、运河费、灯塔费、货物装卸费、速遣费	借：主营业务成本——运输支出（航道养护费） 贷：银行存款（其他应付款、应付账款等）

7. 辅助营运费用的归集和分配

辅助营运费用是指水路运输企业的辅助营运生产部门，在营运生产期间发生的辅助船舶费用，以及提供产品或劳务过程中所发生的辅助生产费用。

（1）辅助船舶费用的归集与分配。

为了核算辅助营运生产部门在营运生产过程中发生的辅助船舶费用，水路运输企业应设置"辅助营运费用——辅助船舶费用"账户，并按单船设置明细账，账务处理见表 2-16。

表 2-16　辅助营运费用的归集和分配

业务情景	账务处理
发生辅助船舶费用时	借：辅助营运费用——辅助船舶费用 贷：应付职工薪酬（原材料、累计折旧、银行存款、营运间接费用等）
月末，将归集起来的辅助船舶费用按一定分配标准在受益对象之间进行分配	借：主营业务成本——装卸支出、堆存支出、港务管理支出（港口企业） 贷：辅助营运费用——辅助船舶费用

（2）辅助生产费用的归集和分配。

为了核算辅助营运生产部门在提供产品或劳务过程中发生的辅助生产费用，企业应设置"辅助营运费用——辅助生产费用"账户，并按辅助生产部门及产品或劳务为成本核算对象设置明细账，按成本项目设置专栏，进行明细核算，账务处理见表 2-17。

表 2-17　辅助生产费用的归集和分配

业务情景	账务处理
辅助生产发生的直接费用	借：辅助营运费用——辅助生产费用 贷：应付职工薪酬（原材料等）

业务情景	账务处理
月末，将归集起来的辅助生产费用按一定分配标准在受益对象之间进行分配	借：主营业务成本——装卸支出、堆存支出、港务管理支出（港口企业） 其他业务成本 管理费用 贷：辅助营运费用——辅助生产费用

8. 营运间接费用的归集和分配

为了核算营运过程中发生的不能直接计入成本核算对象的各种间接费用，企业应设置"营运间接费用"账户，并按单位或部门设置明细账，按费用项目设置专栏进行明细核算，账务处理见表 2-18。

表 2-18　营运间接费用的归集和分配

业务情景		账务处理
发生营运费用时		借：营运间接费用 　　贷：应付职工薪酬（原材料、累计折旧、银行存款等）
月末，按一定分配方法（主要采用直接费用比例法进行分配）在受益对象之间进行分配	海洋运输企业	借：船舶共同费用——营运间接费用 　　贷：营运间接费用
	内河运输企业	借：主营业务成本——运输支出（营运间接费用） 　　贷：营运间接费用
	港口企业	借：主营业务成本——装卸支出（营运间接费用） 　　　　　　　　　——堆存支出 　　　　　　　　　——港务管理支出 　　贷：营运间接费用

三、水路运输成本会计科目设置

1. 成本会计科目设置

企业应设置"主营业务成本——运输支出""辅助营运费用""营运间接费用"等科目，此外还应设置以下科目。

（1）"船舶固定费用"是成本科目，用来核算航次成本的海洋运输企业，为保持船舶适航状态所发生的费用。发生船舶固定费用时，借记"船舶固定费用"科目，贷记"应付职工薪酬""原材料""银行存款"等科目；按照规定分配标准，分配由本航次成本负担的成本费用时，借记"主营业务成本——运输支出（××轮××航次）"科目，贷记"船舶固定费用"科目。本科目应按单船设置明细账。

海洋运输船舶航次运行费用，发生时应记入"主营业务成本——运输支出"科目核算，不通过本科目核算。

（2）"船舶维护费用"是成本类科目，核算有封冻、枯水等非通航期的内河运输企业，所发生的应由通航期成本负担的船舶维护费用。

企业在非通航期从事其他业务所发生的费用，应记"其他业务成本"等科目，不通过本科目核算。

发生船舶维护费用时，借记"船舶维护费用"科目，贷记"应付职工薪酬""原材料——燃料、材料""银行存款"等科目。按规定的方法分配时，根据规定分配标准，据以计算通航期每月应负担的船舶维护费用，借记"主营业务成本——运输支出"科目，贷记"船舶维护费用"科目。实际发生的船舶维护费用与计划分配数相差较大时，应及时调整分配标准。

年度终了，船舶维护费用全年实际发生数与分配数的差额，应在本年内调整运输成本；实际发生数大于分配数的差额，借记"主营业务成本——运输支出"科目，贷记"船舶维护费用"科目（实际发生数小于分配数的差额，用红字）。

本科目应按船舶类型设置明细账，并按规定的费用项目设置专栏。

（3）"集装箱固定费用"是成本类科目，核算运输企业所发生的集装箱固定费用，包括集装箱保管费、折旧费、保险费、租赁费、底盘车费用及其他费用等。

集装箱货物费（包括集装箱装卸、绑扎、拆箱、换装、整理等费用）应直接在"主营业务成本——运输支出"科目核算，不通过本科目核算。

发生集装箱费用，借记"集装箱固定费用"科目，贷记"银行存款""其他应付款"等科目。月末，按照规定的分配标准由单船或航次成本负担时，借记"主营业务成本——运输支出（××轮或××轮××航次）"科目，贷记"集装箱固定费用"科目。

本科目应按集装箱类型设置明细账，并按规定的费用项目进行明细核算。

集装箱固定费用按集装箱类型设置费用明细账，按规定项目进行归集，按每标箱的箱天费用和使用天数计算分配集装箱运输船舶成本。

每标准箱天集装箱固定费用＝集装箱固定费用÷集装箱标准箱天数

四、海洋运输成本项目与核算

1. 海洋运输成本项目

海洋运输成本计算项目可以细分为航次运行费用、船舶固定费用、船舶租费、集装箱固定费用、营运间接费用。

（1）航次运行费用是指直接归属于航次负担的费用，具体项目如下。

①燃料费，指船舶在营运期内航行、装卸、停泊等时间内耗用的全部燃料费用。

②港口费，指船舶在营运期内进出港口、航道，以及停泊港内所发生的各项费用，如港务费、船舶吨税、引水费、停泊费、拖轮费、航道养护费、船舶代理费、运河费、海峡费、灯塔费、海关检验费、检疫费、移民局费用等。

③货物费，指运输船舶载运货物所发生的应由船方负担的业务费用，如装卸费、使用港口装卸机械费、理货费、开关舱、扫舱、洗舱、验舱、烘舱、平翻舱、货物代理费、货物检验费、货物保险费等。

④集装箱货物费，包括集装箱装卸费、集装箱站场费用、集装箱货物代理费用等。

⑤中转费，指船舶载运的货物到达中途港口换装其他运输工具运往目的地，在港口中转时发生的应由船方负担的各种费用，如汽车接运费、铁路接运费、水运接运费、驳载费等。

⑥垫隔材料费，指船舶在同一货舱内装运不同类别货物需要分票、垫隔或装运货物需要防止摇动、移位，以及货物通风需要等耗用的木材隔货网、防摇装置、通风筒等材料费用。

⑦速遣费，指有装卸协议的营运船舶，提前完成装卸作业，按照协议支付的速遣费用。

⑧事故费用，指船舶在营运生产过程中发生海损、机损、货损、货差、火警、污染、人身伤亡等事故的费用，包括施救、赔偿、修理、诉讼、善后

等直接损失。

⑨航次其他费用，指不属于以上各项费用应由航次负担的其他费用，如淡水费、通信导航费、交通车船费、邮电费、清洁费、国外港口招待费、领事签证、代理行费、冰区航行破冰费等。

（2）船舶固定费用是指为保持船舶适航状态所发生的费用，具体项目如下：

①工资及福利费，指应付船员的各类工资、奖金、津贴、伙食费、补贴等，按有关规定由成本列支的费用，以及按实际发放船员工资总额和规定的提取比例，提取的职工福利费。

②润料，指船舶耗用的各种润滑油剂。

③物料，指船舶在运输生产中耗用的各种物料、低值易耗品的实际成本。

④船舶折旧费，指船务公司按确定折旧方法按月计提的折旧费。

⑤船舶修理费，指已完工的船舶实际修理费支出、日常维护保养耗用的修理材料、备品配件等，以及船舶技术改造大修理费用摊销的支出。

⑥保险费，指船务公司向保险公司投保的各种船舶保险，所支付的保险费用和运输船员的意外伤残保险。

⑦车船使用税。

⑧船舶非营运期费用，指船舶在非营运期（如厂修、停航、自修、事故停航等）内发生燃料费、港口费等有关费用。

⑨船舶共同费用，指由船舶共同负担，需经过分配由各船负担的船员费用和船舶业务费。包括以下内容：工资，指替补公休船员、后备船员、培训船员等按规定支付的工资、津贴、补贴等；职工福利费，指上项各类船员根据国家规定提取的职工福利费；船员服装费，指根据规定发给船员的服装费；船员差旅费，指船员报到、出差、学习、公休、探亲、调遣等发生的差旅费；文体宣传费，指用于船员文娱、体育活动和对外宣传购置的书报杂志、电影片、录像带、幻灯片等支出；广告及业务活动费，指通过报刊、电台、电视、画册、展览等进行广告、宣传，以及船舶为疏港、揽货、业务联系支付的业务招待费；单证资料费，指客货运输业务印制使用的客运票据、货运提单、舱单、航海图书、技术业务资料以及这类单证资料的寄递费用；船员疗养休养费，指船员因工作环境特殊，船务公司为船员安排疗、休养的支出；电信费，指船岸通过电台、电缆、卫星、高频电话等通信联络所发生的国内外通

信费用。

⑩其他船舶共同费用，包括船员体验费、签证费、油料化验费、技术进步和合理化建议奖等。

⑪其他船舶固定费用，指不属于以上各项的其他船舶固定费用，如船舶证书费、船舶检验费、船员劳动保护费等。

（3）船舶租费指船务公司租入运输船舶参加营运，按规定应支付给出租人的期租费或程租费。

（4）集装箱固定费用指船务公司自有或租入的集装箱在营运过程中发生的固定费用，主要包括以下主要项目。

①集装箱保管费，指空箱存放在堆放场所支付的保管费等。

②集装箱折旧费，指自有集装箱按集装箱价值和规定折旧率按月计提的折旧费。

③集装箱租费，指租入集装箱按规定应列入成本的租费。

④集装箱修理费，指集装箱修理用配件、材料和修理费用。

⑤集装箱保险费，指向保险公司投保集装箱安全险，所支付的保险费用。

⑥集装箱底盘车费用，指船务公司自有或租入的集装箱底盘车发生的保管费、折旧费、租费、保险费、修理费等。

⑦集装箱其他费用，指不属于以上项目的集装箱固定费用，如清洁费、熏箱费等。

（5）营运间接费用是指船务公司营运过程中所发生的不能直接计算运输成本核算对象的各种间接费用，包括各生产单位为组织和管理运输生产所发生的运输生产管理人员工资、职工福利费、折旧费、租赁费（不包括融资租赁）、修理费、材料物料检查费、水电费、差旅费、运输费、保险费、设计费、试验检查费、劳动保护费及其他营运间接费用。

2. 海洋运输成本的核算

物流企业沿海或近海运输业务通常以单船作为成本核算对象，因此按船舶名称设置明细账进行明细核算。

远洋运输成本较大，所以计算远洋运输成本时分以下两种情况：

（1）已经完成航次的成本核算。远洋运输企业完成航次成本，是指整个运输过程中所有的运行费用。如果远洋运输进行跨期航次，其计算成本还应当计算之前的航次成本。

已完成航次的成本核算公式：

本期已完成航次成本＝前期未完成航次成本＋本期发生的航次运行费
用＋本期分配的船舶固定费用＋本期分配的营运
间接费用

（2）未完成航次的成本计算。如果物流企业在核算远洋运输成本时，船舶还没有结束航次，则依然按要求分配营运间接费用、船舶固定费等其他费用。所以依然不能结算船舶远洋运输成本。本期没有完成核算的运输成本转入下期核算。

（3）航次运行费用在发生时，根据成本项目直接计入相应的航次运输成本中，借记"主营业务成本——运输支出——某航次——成本项目"，贷记"原材料""银行存款"等科目。

（4）船舶固定费用通过"船舶固定费用"账户核算。借记"船舶固定费用"，贷记"原材料""应付职工薪酬""银行存款""累计折旧"等科目。

当由多艘船共同负担船舶固定费用时，用"船舶固定费用"下设"船舶共同费用"归集这些共同负担的费用，期末再按一定的分配标准（通常采用运输周转量）在各艘船之间进行分配。计算公式如下：

分配率＝船舶共同费用÷总运输周转量（千吨海里）

某船舶应负担船舶共同费用＝该船完成运输周转量（千吨海里）×
分配率

【例 2-18】2023 年 3 月 31 日，海风远洋运输公司"船舶固定费用——东风一号轮"明细账余额为 300 万元，该船全月运行 30 天，其中第一航次营运 20 天，第二航次营运 10 天，尚在营运途中。计算分配该船第一、第二航次应负担的船舶固定费用，并进行相应账务处理。

该船第一、第二航次应负担的船舶固定费用。

第一航次应负担的船舶固定费用＝300÷30×20＝200（万元）

第二航次应负担的船舶固定费用＝300÷30×10＝100（万元）

根据分配结果，编制会计分录。

借：主营业务成本——运输支出——东风一号轮（第一航次）

2 000 000

贷：船舶固定费用——东风一号轮（第一航次）　　　2 000 000

结转东风一号轮第一航次船舶固定费用后，余额为 100 万元，是该船第 10 天应负担船舶固定费用。截至 4 月末，该余额再加上 3 月东风一号轮第二航次营运天数应负担的船舶固定费用，构成该船舶第二航次的船舶固定费用。

【例 2-19】2022 年 3 月，顺风物流公司海运分公司发放的工资表中，甲轮船员为 120 000 元，乙轮船员为 150 000 元，后备船员为 80 000 元。本月甲轮的运输周转量为 50 000 千吨海里，乙轮运输周转量为 40 000 千吨海里。

①计算分配工作。

借：主营业务成本——运输支出——甲轮——工资　　　　120 000
　　　　　　　　——运输支出——乙轮——工资　　　　150 000
　　船舶固定费用——船舶共同费用　　　　　　　　　　80 000
　　贷：应付职工薪酬　　　　　　　　　　　　　　　　　　　350 000

②分配船舶共同费用。

分配率＝80 000÷（50 000＋40 000）＝0.89

甲轮应负担的船舶费用＝0.89×50 000＝44 500（元）

乙轮应负担的船舶费用＝80 000－44 500＝35 500（元）

根据分配数据，编制会计分录。

借：主营业务成本——运输支出——甲轮——船舶共同费用　44 500
　　　　　　　　——运输支出——乙轮——船舶共同费用　35 500
　　贷：船舶固定费用——船舶共同费用　　　　　　　　　　　80 000

（5）物流企业发生的集装箱固定费用通过"集装箱固定费用"核算，分别设置"集装箱费用"和"底盘车费用"明细账进行核算。借记"集装箱固定费用"，贷记"银行存款""累计折旧"等科目。期末归集的集装箱固定费用总额按全部船舶装运集装箱的标准箱天数进行分配，计算公式如下。

分配率＝集装箱固定费用总额÷全部船舶装用集装箱标准箱天数

全部船舶装用集装箱标准天数＝Σ（船舶装用集装箱标准箱天数×使用天数）

某船舶应负担的集装箱固定费用＝该船装用集装箱标准箱天数×分配率

【例 2-20】2023 年 3 月 31 日，某海运物流公司"集装箱固定费用"账户余额为 829440 元，该月顺风轮装 40 英尺集装箱 50 只，共使用 24 天；该月天安轮装 20 英尺集装箱 120 只，共使用 28 天。以 20 英尺集装箱作为标准箱，分配集装箱固定费用如下。

全部船舶装用集装箱标准箱天数＝50×24×2＋120×28

$$＝2\ 400＋3\ 360＝5\ 760\ （天）$$

分配率＝829 440÷5 760＝144

顺风轮应负担集装箱固定费用＝50×24×2×144＝345 600（元）

天安轮应负担集装箱固定费用＝120×28×144＝483 840（元）

编制会计分录如下。

借：主营业务成本——运输支出——顺风轮——集装箱固定费用

345 600

　　　　　　——运输支出——天安轮——集装箱固定费用

483 840

　　贷：集装箱固定费用　　　　　　　　　　　829 440

（6）船舶租费、舱（箱）位租费的核算。

物流企业应当按每一运输船舶、每一营运航次，分别设置航次成本明细账或明细卡，企业如租入外单位船舶或舱（箱）位营运，也应同样为在租用期内的每一航次，设置成本明细账。航次内发生的各项运行费用直接记入该航次成本明细账，各项分配性费用于航次结束时按规定分配计入。借记"主营业务成本"科目，贷记"银行存款""长期应付款"等科目。

（7）营运间接费用的核算。

物流企业设有船队或分公司的，应按船队或分公司设置明细账，以归集各船队或分公司为管理运输船舶和组织运营活动所发生的费用。借记"营运间接费用"，贷记"应付职工薪酬""银行存款"等账户。期末再将归集的营运间接费用按一定的标准（主要有船舶直接费用和船舶营运吨天）在各船舶之间进行分配。计算公式如下：

分配率＝营运间接费用总额÷船舶直接费用总额（或船舶营运总吨天[①]）

某船舶应负担的营运间接费用＝该船舶直接费用（或船舶营运吨天）×

分配率

【例 2-21】某远洋运输公司甲货船第 2 航次航行于国外某航线，自 2023 年 5 月开始至 6 月 24 日结束。其于 5 月末未完航次成本为：航次运行费用 722 000元，分配的船舶固定费用 540 000 元，分配该船集装箱固定费用

————————

[①] "吨天"是船舶定额载重量与该船相应工作时间的乘积，它表示船舶在一定时间内的动态数量。

32 000元，共计 1 294 000 元，由于该航次尚未结束，不分配营运间接费用。

该船于 6 月份航次结束，当月航次运行费用及 6 月份船舶固定费用、集装箱固定费用、营运间接费用见表 2-19。

表 2-19　航次运行费用相关数据

金额单位：元

项　　　目	金　　　额
航次运行费用	457 000
其中：燃料	280 000
港口费	32 000
货物费	140 000
航次其他费用	5 000
6 月份船舶固定费用	597 000
6 月份集装箱固定费用	420 000

①该船 6 月份船舶固定费用 597 000 元，按航次营运天数分配，由该月第 2 航次和第 3 航次负担（第 2 航次为已完航次，第 3 航次为未完航次）。

②该公司 6 月份集装箱固定费用 420 000 元，按重箱标准箱天 4 000 箱天计算分配第 2 航次和第 3 航次负担（其中第 2 航次使用集装箱 2 400 箱天，第 3 航次使用集装箱 1 600 箱天）。

③该公司 6 月营运间接费用为 130 000 元，6 月份各船已完航次运行费用合计 13 000 000 元，营运间接费用按月份已完航次直接费用比例计算分配。

要求：计算 A 船第 2 航次总成本。

已知 5 月份 31 天，6 月份 30 天。则 A 船第 2 航次总成本包括以下项目：

5 月未完航次成本＝航次运行费用＋分配的船舶固定费用＋分配的集装箱固定费
　　　　　　　　　＝722 000＋540 000＋32 000＝1 294 000（元）

6 月航次运行费用＝457 000（元）

6 月分配的船舶固定费用＝597 000×24÷30＝477 600（元）

6 月分配的集装箱固定费用＝420 000×2 400÷4 000＝252 000（元）

6 月分配的营运间接费用＝130 000×457 000÷13 000 000＝4 570（元）

甲货船第 2 航次总成本＝5 月份未完航次成本＋6 月份航次运行费用＋6
　　　　　　　　　　月份分配的船舶固定费用＋6 月份分配的集装

箱固定费用＋6月份分配的营运间接费用

＝1 294 000＋457 000＋477 600＋252 000＋4 570＝2 485 170（元）

五、内河运输业务成本项目与核算

1. 内河运输的成本项目

内河运输的成本项目分为船舶航行费用、船舶维护费用、集装箱固定费用、营运间接费用等。

在物流企业中，内河运输业务的成本核算对象通常都是船舶，因此设置明细分类账的依据就是船舶类型。以"货轮"、"游轮"和"拖船"等计算航行费用和船舶的固定费用。

2. 船舶航行费用的核算

（1）船舶航行费用由燃料费、润料费、材料费、燃料及材料节约奖、港口费、养河及过闸费、事故损失和船舶其他航行费用等成本明细项目组成。

①润料费是指船舶在运输生产中耗用的各种润滑油脂。

②材料费是指船舶在运输生产中耗用的各种材料和低值易耗品等。

③燃料、材料节约奖是指根据规定对节约燃料、材料按比例提取支付的节约奖金。

④外付港口费是指运输船舶在外单位港口发生的港口费用。但不包括在自营港埠发生的港口费用。

⑤外付业务费是指运输船舶支付给非自营港埠或其他单位的业务代理费、理货费及转口、倒舱、翻舱、扫舱和洗舱等费用。

⑥养河费及过闸费是指按规定向航道管理部门支付的养河费，以及运输船舶过闸时按规定向船闸管理部门支付的过闸费用。

船舶航行费用在发生时，根据成本项目直接计入相应的航次运输成本中，账务处理为借记"主营业务成本——运输支出——某航次——成本项目"，贷记"应付职工薪酬""原材料""银行存款"等。

3. 船舶维护费用的核算

物流企业内河运输业务在非通航期间发生的船舶维护费用，应按船舶类型设置"船舶维护费用"明细账户予以归集。根据船员的工资分配表、发票、单据等原始凭证，借记"船舶维护费用"科目，贷记"应付职工薪酬""原材料"等相关科目。

非通航期间发生的船舶维护费用，通常应由通航期间各成本计算期的运输成本负担。先按非通航期间船舶维护费用的全年预算数和全年计划通航期天数，确定计划分配率，然后据以计算通航期间各月应负担的船舶维护费用。计算公式如下：

　　计划分配率＝非通航期间船舶维护费用全年预算数÷全年计划通航天数

　　通航某月应负担的船舶维护费＝该月船舶通航天数×计划分配率

【例 2-22】恒风物流公司内河运输分公司 2023 年 A 轮全年的船舶维护费用 24 300 元，全年计划通航 300 天。4 月 A 轮通航 27 天。分配船舶维护费用如下：

　　A 轮计划分配率＝24 300÷300＝81（元）

　　A 轮应负担的船舶维护费用＝27×81＝2 187（元）

　　根据以上计算，编制会计分录。

借：主营业务成本——运输支出——A 轮　　　　　　　　　　　2 187

　　贷：船舶维护费用——A 轮　　　　　　　　　　　　　　　　　　2 187

4. 集装箱固定费用的核算

设置"集装箱固定费用"账户，核算企业自有或租入的集装箱及其底盘车在营运过程中发生的固定费用。集装箱货物费（包括集装箱装卸、绑扎、拆箱、换装、整理等费用）应直接在"主营业务成本——运输支出"科目核算，不通过本科目核算。

企业应按集装箱和底盘车存放的港口、地区或国家分别设置明细科目，并分别集装箱费用（按空箱保管费、折旧费、修理费、保险费、租费、底盘车费用分摊、共同费用分摊、其他等费用项目）和底盘车费用（按底盘车保管费、折旧费、修理费、保险费、租费、其他等费用项目）设置三级明细科目进行核算。

（1）发生的集装箱固定费用，借记本科目，贷记"银行存款""应付账款""累计折旧""其他应付款"等科目。

（2）期末，将各港口、地区或国家发生的集装箱固定费用，分配由有关船舶的航次成本和集装箱出租成本负担，借记"主营业务成本——运输支出——××轮——××航次"和"其他业务成本"科目，贷记本科目。

5. 营运间接费用的核算

营运间接费用账户核算企业日常生产经营过程中所发生的，应由所经营业务承担的不能直接记入有关营运业务成本的各种间接费用，如实行内部独立核算单位的船队、码头作业区管理费用、装卸队费用、自营港埠费用、船员管理部门费用等。企业行政管理部门发生的管理费用和企业辅助生产部门发生的辅助营运费用不通过本科目核算。

营运间接费用账户应按照发生费用的不同部门设置明细科目，并分别按工资、职工福利费、燃润料、材料、低值易耗品、折旧费、修理费、办公费、水电费、业务费、差旅费等费用项目，设置专栏进行明细核算。

（1）企业应于各项营运间接费用发生时，借记本科目，贷记"库存现金""银行存款""原材料""应付职工薪酬""累计折旧"等科目。

（2）期末，将本期实际发生数在有关受益对象间进行分配。内河运输企业借记"主营业务成本——运输支出（营运间接费用）"科目，贷记本科目；企业其他业务分配负担的营运间接费用，借记"其他业务成本"科目，贷记本科目。

【例 2-23】恒风物流公司内河运输分公司本期发生的船舶类型费用总额为300 万元，营运间接费用共计 33 万元。相关数据见表 2-20。

表 2-20　相关数据

项　　目	货船货运	油船货运	合　　计
船舶费用（万元）	200	100	300
运输周转量（千吨公里）	50	50	100

假设本期营运间接费用全部由运输业务负担，则：

营运间接费用分配率＝33÷300＝0.11

货船货运应分摊营运间接费用＝200×0.11＝22（万元）

油船货运应分摊营运间接费用＝100×0.11＝11（万元）

第四节　航空运输业务成本的核算

民用航空运输企业的业务包括航空运输和通用航空两部分。航空运输也称为商业航空，是指以飞机为运输工具所进行的经营性客货运输。通用航空是指航空运输以外的航空活动。

一、航空运输业务分类与特点

1. 航空运输的分类

航空运输包括的内容十分广泛，大致分为以下几类：

（1）工业航空，如航空摄影、航空物探、航空吊装、石油航空、航空环境监测等。

（2）农业航空，如森林防火、灭火、撒播农药等。

（3）航空科研和探险，如新技术的验证、新飞机的试飞、航空气象天文观测以及探险活动等。

（4）飞行训练。

（5）航空体育活动，如跳伞、滑翔机、热气球、航空模型运动等。

2. 航空运输的特点

（1）航空运输的速度快，时间效益好。到目前为止，飞机是运输货物最快捷的交通工具，常见的喷气式飞机速度在 800~1 000 km/h，为一些鲜活货物或赶时间的旅客提供了便利。

（2）不受地面条件的影响，但容易受天气的影响。

（3）航空运输的安全性最高。

（4）包装简单，运输时间快且时间很短。

3. 航空运输成本核算对象、成本计算单位和成本计算期

民用航空企业是以单机机型作为成本对象归集费用，计算各种机型运输成本。航空运输成本的计算单位为元/吨公里，航空运输成本通常按月计算，所以每月月末，航空运输企业都需要编制运输成本表。

二、航空运输业务成本项目

航空运输企业产生的成本主要有飞机飞行费用和飞机维修费用，具体内容见表 2-21。

表 2-21　飞机飞行费用和飞机维修费用

成本项目	具体内容	含　义
飞行费用	空勤人员工资及福利费	指空勤人员的工资、津贴、奖金、补贴、福利费等按有关规定由成本列支的工资性费用
	燃料费	指在飞机飞行中实际消耗的各种燃料费用
	飞机和发动机折旧费	指飞机、发动机按确定的折旧方法按月计提的折旧费用

成本项目	具体内容	含 义
飞行费用	飞机和发动机大修理费	指各机型飞机定时进行大修理所发生的费用
	飞机租赁费	指经营性租入飞机所支付的租赁费
	飞机保险费	指飞机险、战争险，旅客、货物意外险，第三者责任险等
	飞机起降服务费	指机场为各航空公司飞机起降，进出旅客、货物、行李、邮件以及驻机场单位提供服务时发生的与服务直接相关的各项费用
	旅客供应服务费	指为旅客提供服务而发生的费用
飞机维修费用	材料费	指在飞机维修过程中消耗的各种材料费用
	人工费	指飞机维修过程中支付的工资、福利费
	间接维修费	指在飞机维修过程中不能直接计入营运业务成本计算对象的各种间接费用

三、成本费用的归集与分配

1. 成本费用的归集

航空运输企业在运输经营过程中发生的各项费用支出，按其性质不同划分为材料费用、燃料费用、工资、折旧费和其他费用。

（1）材料费用主要包括航空器材（分为航材消耗件、高价周转件两类）、普通器材、低值易耗品、机上供品四部分。

（2）燃料费用包括航空汽油、润滑油、其他柴油、机油、黄油等。

（3）工资包括航空运输企业各类人员工资、取暖降温费、上下班交通补助费、制服费等。

（4）折旧费包括飞机、发动机折旧费、机场设施折旧费、行政管理用固定资产折旧费。

（5）其他费用包括保险费、维修费、租赁费、办公费、差旅费、水电费、印刷费、绿化费、环卫费、业务费、广告费、物料消耗费、劳动保护费、地面运输费、防空防疫费、紧急求助费、空难急救费、排污及污水处理费、旅客供应费、国内外起降服务费、飞行训练费、高价周转件摊销、利息支出、车船税、土地使用税、机场跑道维护费、停机坪维护费、铁路专线维护费等。

2. 成本费用的分配

月末，将上述费用进行分配，按是否计入特定机型成本，可分为直接营运费用和间接营运费用。

（1）航空直接营运费用是指物流企业在执行航空运输业务过程中发生的费用，可以直接计入特定机型成本，包括空勤和机务人员的职工薪酬、取暖降温费、交通补贴费、制服费、航空油料消耗、国内外加油价差；飞机和发动机折旧费、修理费、保险费、飞行训练费、客舱服务费、赔偿费；营运过程中货物和行李的损坏、丢失赔偿费；飞机国内外起降服务费等。具体内容见表 2-22。

表 2-22　直接营运成本具体项目

项　　目	具体内容
工资、奖金、津贴和补贴	航空公司支付给空勤人员和机务人员的工资、奖金、津贴和补贴。其中空勤伙食费、地勤伙食费和飞行小时费单列
制服费	按规定标准用于摊销空勤人员及机务人员的制服费用，或报告期内直接支出的制服费用
航空油料消耗	飞机在飞行中（含地面滑行）或地面检修试车时所消耗的航空煤油、航空汽油和航空润滑油
航材消耗件消耗	为维修本公司飞机、发动机及零备件而耗用的航材消耗件
高价周转件摊销	按规定年限摊销的高价周转件的价值
飞机、发动机折旧费	按期计提的飞机、发动机折旧费
飞机、发动机日常修理费	为保持飞机、发动机及零部件处于完好状态而发生的维修费
飞机、发动机保险费	航空公司向保险公司投保飞机、发动机航空险，以及按保险合同所承担的保险费
经营性租赁费	航空公司以经营租赁方式租入的飞机在报告期内应向出租人支付的租金
国内外机场起降服务费	报告期内航空公司飞机在国内外机场起降，按规定超标准或协议支付给机场和空中交通管理部门的各项费用
飞行训练费	航空公司为培养飞行员或保持飞行员技术状态达到规定标准所支付的各项费用，包括委培费、招飞费用、熟练飞行费及改装训练费等
货物、邮件赔偿费	因航空公司责任造成航班营运中货物或邮件发生破损或丢失，应由航空公司赔偿的费用
其他直接营运费	报告期内直接与运输生产相关且能直接计入某一特定机型成本除上述费用以外的营运费用

（2）间接营运费用是指航空公司在执行航空运输业务过程中发生的、不能直接计入机型成本，需要按照一定标准进行分配的费用。

航空间接营运费用是指物流企业在航空运输业务过程中，为那些发生但是不能直接计入直接营运费用而支付的费用。间接营运费用需要按一定标准进行分摊。间接营运费用包括非空勤人员和机务人员的工资，除飞机之外的其他运输工具的资产折旧费、办公费、水电费、差旅费、保险费、机物料消耗、制服费和租赁费等。

四、航空运输成本会计科目运用

航空运输成本核算需要设置"主营业务成本"账户，在"主营业务成本"账户下设置"运输成本""通用航空成本""机场服务费用"等二级账户。另外还要设置"飞机维修费用""劳务成本"等账户。

"运输成本"账户核算物流企业在执行航空运输业务过程中所发生的各项费用。"通用航空成本"账户核算企业在执行通用航空业务中所发生的各项费用。机场服务费指民航运输企业机场为各航空公司飞机起降、进出港旅客、货物、行李、邮件及驻机场单位提供服务时发生的与服务直接相关的各项费用。具体核算内容见表 2-23。

表 2-23 账户核算项目

"运输成本"账户	能直接计入机型成本	如空勤人员、机务人员的工资，航空油料消耗，国外加油差价，飞机（发动机）折旧费，经营性租赁费、修理费、保险费、高价周转摊销，飞行训练费，国内外起降服务费，旅客餐宿供应品费、客舱服务费，赔偿费，运营过程货物、行李损失、丢失赔偿及其他直接飞行费用等
	不能计入机型成本	按一定办法进行分摊的间接营运费用，如工资、折旧费、办公费、水电费、差旅费、机务材料消耗费、劳动保护费、票证印制费、职工教育经费、地面运输费等
"通用航空成本"账户	可以直接计入机型成本的费用	包括空勤人员、机务人员工资、取暖降温费、交通补贴、制服费、航空油料消耗、国外加油价差、飞机发动机折旧费、修理费、保险费、高价周转件摊销、飞行训练费、国内起降服务费、作业准备费、作业赔偿费，以及其他直接飞行费等
	不能直接计入机型成本	需要按一定办法进行分摊的间接费用，如人员工资、设备折旧费与维修费、办公费、水电费、差旅费、保险费、机物料消耗、制服费、劳动保护费、消防费、地面运输费、租赁费等

"机场服务费用"账户	能直接计入机型成本	如机场服务人员、安检消防人员、航行调度人员、机场管理维护人员、通信服务管理人员的工资，空地勤人员工资及餐费，各种燃料及动力、器材、配件、工具、低值易耗品、水电消耗、制服费、折旧费、租赁费、维护修理费、紧急救治费、空难急救费、防汛、防灾、防疫费、机场绿化费、环卫费、排污及污水处理费、机场跑道、停机坪、铁路专用线维护修理费、行李、货物损失赔偿费、业务费、差旅费、办公费、保险费、运输费等

企业发生的通用航空成本，借记本科目，贷记"库存现金""银行存款""累计折旧""低值易耗品""应付职工薪酬"等科目。期末，应将本科目的余额转入"本年利润"科目。结转后本科目应无余额。

飞机维修费是飞机、发动机及零附件因维护检修所发生的费用。企业应按机型设置"飞机维修费用"账户进行核算，在"飞机维修费"账户下设置材料费、人工费、间接维修费三个明细账户。因维护检修飞机而领用的高价周转件摊销、消耗性材料及按耗用工时计算的人工费，作为直接费用应直接记入各机型飞行维修费明细账户。有关管理和监督维修工作发生的间接维修费，应按适当的标准（如消耗维修工时数）分配记入各机型飞行维修费明细账户。月末，应根据"飞行维修费"明细账，编制飞机维修费分配表。

"劳务成本"账户核算航空运输企业因飞机（含发动机）的大修理而发生的各项修理费用及不能直接计入机型成本的各项间接劳务费用，包括工资、航空器材费（航材消耗件、高价周转件）、普通器材费、燃料及动力费、低值易耗品摊销、折旧费、水电费、办公费、劳动保护费等，账务处理见表2-24。

表 2-24　结转成本会计处理

业务情形	账务处理
结转飞机、发动机因维护、检测而发生的飞机维修费用	借：主营业务成本——运输成本、通用航空成本 贷：飞机维修费用
分配并结转间接营运费用，采用一定的分配方法，如直接费用比例法、运输收入比例法、运输周转量比例法等	借：主营业务成本——运输成本、通用航空成本、机场服务费用 贷：劳务成本——间接营运费用

民用航空运输企业各种机型成本之和即运输成本，运输成本与通用航空

成本、机场服务费用之和即运输总成本。运输总成本除以运输周转量即运输单位成本。

航空运输成本的计算公式为：

综合反映航空运输吨公里成本 =（国际航线＋国内航线总成本）÷航空运输总周转量（国际、国内航线完成总周转量）

航空运输周转量 =（旅客人数×每名旅客体重折算标准＋货物、行李、邮件重量）×运距×0.1‰（吨公里）

国际、国内航线的单位成本根据国际、国内运输计算吨公里成本，在国际、国内航线运输成本分类中，核算机型成本不仅可以使参加营运的机型安排更加合理，还能考察机型运输成本的经济效益。计算公式为：

航空运输国际、国内航线成本 = 国际、国内航线成本总额÷国际、国内运输总周转量

国际、国内航线总成本 = 国际、国内航线各机型成本总和

国际、国内航线某种机型的成本 = 某种机型成本的直接飞行费＋某种机型飞行国际、国内航线分配的间接费用

国际、国内航线应分配的间接费用 = 国际、国内飞行间接费用总额×（国际、国内航线完成的运输周转量÷国际、国内航线运输周转量总和）

飞行运输单位成本（元/千吨公里）= 运输总成本（元）÷运输周转量（千吨公里）

【例 2-24】南航有限公司 2023 年 4 月发生的飞行费用如下：支付空勤人员工资 459 000 元，消耗燃料 247 000 元，折旧费 139 200 元，保险费 112 000元，以银行存款支付，账务处理如下。

借：主营业务成本——运输成本		957 200
贷：应付职工薪酬		459 000
原材料——燃料		247 000
累计折旧		139 200
银行存款		112 000

"飞机维修费用"账户，核算飞机（发动机）因维护、检修而发生的费用及零部件修理费用，包括材料费、人工费和间接维修费。其中：材料费可根据领料凭证直接计入机型成本，人工费和间接维修费可采用工时法分配计入机型成本。

（1）人工费按各机型维修耗用工时比例分配到各机型成本，计算公式如下：

每工时人工费率＝本月人工费总额÷本月各机型维修实耗工时总数

某机型应分配的人工费＝本月某机型维修实耗工时×每工时人工费率

（2）间接维修费。

间接维修费可按各机型维修实耗工时比例分配到各机型成本中去，计算公式如下：

$$每工时间接维修费分配率＝本月间接维修费总额÷本月各机型维修实耗工时总数$$

$$某机型应分配的间接维修费＝本月某机型维修实耗工时×每工时间接维修费分配率$$

【例 2-25】 2023 年 4 月，南航有限公司发生飞机维修费用如下：领料 8 000 元，支付维修工人工资 34 000 元，间接费用 9 800 元，用银行存款支付。

借：飞机维修费用——原材料　　　　　　　　　　　　　　8 000

　　　　　　　　——应付职工薪酬　　　　　　　　　　34 000

　　　　　　　　——间接费用　　　　　　　　　　　　9 800

　　贷：原材料　　　　　　　　　　　　　　　　　　　　　8 000

　　　　应付职工薪酬　　　　　　　　　　　　　　　　　34 000

　　　　银行存款　　　　　　　　　　　　　　　　　　　9 800

月底，结转成本。

借：主营业务成本——运输成本　　　　　　　　　　　　51 800

　　贷：飞机维修费用　　　　　　　　　　　　　　　　　51 800

第五节　联合运输业务核算

货物或旅客运输一般不是仅用一种运输方式就能够完成的，大多情况下需要使用两种或两种以上的运输工具，通过分段接力形式来完成。这种运输形式称为联合运输（以下简称联运）。联运侧重在一个完整的货物、旅客运输过程中，采用不同运输方式、运输企业、运输区段和运输环节的协调。

一、联运的分类与特点

联运是现代交通运输发展的一种趋势，按照货主或旅客的需要，通过两种以上（含两种）运输方式或两程以上（含两程）运输的衔接，提供一票到底、全程负责的运输服务。2023 年，交通运输部等多部门联合印发了《推进铁水联运高质量发展行动方案（2023—2025 年）》，提出到 2025 年，全国主要港口集装箱铁水联运量达到 1 400 万标准箱，年均增长率超过 15％等目标。

在货物联运中，我国按照运送凭证通用性程度和以组织联运的方法，通常又区分为干线联运和干支线联运。

1. 干线联运

干线联运，是指按照交通运输部规定范围内办理的铁路、水路联运，是大宗物资联运的主要通路，它具有批量大、运距长等特点，我国有统一的规则，统一的运价。

2. 干支线联运

干支线联运，指铁路、水路干线与地方公路、水路之间的联运。

干支线联运的基本方法：干支线联运工作，目前主要是通过各地的联运企业，兼办联运的运输企业及各港、站等基层运输单位联合，通过代办中转业务来实现衔接两程以上的联运。各联运企业间开展代理业务，对货主受理整车（整批）、零担（零星）货物，实行一次托运，一次结算，上门取送，全程负责；向运输企业办理托运、中转、领取手续。另外对集装箱联运、旅客联运、运输协作，都做了具体规定。

3. 多式联运

多式联运有以下几种方式：货车→铁路→货车；货车→船舶→货车；货车→飞机→货车；货车→船舶→铁路→船舶→货车；货车→船舶→货车→飞机→货车等。

多式联运的特点如下：

（1）根据多式联运的合同进行操作，运输全程中至少使用两种运输方式，而且是不同方式的连续运输；

（2）多式联运的货物主要是集装箱货物，具有集装箱运输的特点；

（3）多式联运是一票到底，实行单一费率的运输；

（4）多式联运是不同方式的综合组织，全程运输均是由多式联运经营人完成或组织完成的，无论涉及几种运输方式，分几个运输区段，多式联运经营人要对全程负责；

（5）货物全程运输是通过多式联运经营人与各种运输方式、各区段的实际承运人订立分运合同来完成的，各区段承运人对自己承担区段的货物运输负责；

（6）在起运地接管货物，在最终目的地交付货物及全程运输中各区段的衔接工作，由多式联运经营人的分支机构或代表或委托的代理人完成，这些代理人及承担各项业务的第三者对自己承担的业务负责；

（7）多式联运经营人可以在全世界运输网中选择适当的运输线路、运输方式和各区段的实际承运人，以降低运输成本，提高运达速度，实现合理运输。

二、联运的组织形式

目前，无论是联运企业或是联合运输办公室（有的地方称最新联合运输指挥部，以下分别简称联办联指）在组织各种联运工作中，大致有以下几种形式。

1. 疏散型

在干支枢纽地设有联办（或联指），在支线的各县尚没有联运企业的情况下，由联办与干线运输企业签订疏运合同，与支线各县的货主签订送达合同，负责代办铁路、江、海等干线的到达港、站物资，并为货主代办向公路、水路等支线的运输企业托运送货到家。

2. 集散型

集散型在干支枢纽地设有联运企业或联办，但在支线经济吸引范围内各地尚未建立联运企业的情况下，由支线枢纽城市的联运企业或联办负责为货主代办公、水等支线运来的货物，并向铁路、江、河等干线托运；也代办铁路、江、海等干线到达港站的货物向公、水等支线托运，送货上门。

3. 线条型

在干支线枢纽城市设有联运企业或联办，同时在经济上吸引腹地内支线上的一部分县（市）也有联运企业或联办的情况下，各联运企业相互沟通联运业务，形成一条联运线。这种联运型比上述疏散型和集散型已向前跨了一步，枢纽地联运企业已不光对联运签订合同，并与支线运输企业和干支的各联运企业联办联运业务。

4. 网络型

在干支线枢纽城市有联运企业，并在其经济繁荣范围支线上的县（市）普遍设联运企业，联运企业之间相互沟通联运渠道，组成联运服务网络，称为网络型。在这样的网络中，不管经过几程联运，通过各联运企业之间的组织，相互协作中转运输业务，对于货主来说，可实现一次托运，一次结算，上门取货，全程负责，在承运企业间实行代办托运，分别起票，分段计费，相互清算等方法。

第3章
物流企业仓储与装卸搬运环节成本核算

仓储与装卸搬运是物流企业的一个必要环节，本章介绍会计科目设置与业务核算。

第一节　仓储业务成本核算

仓储业务是指物流企业运用仓库及各种储存设备为客户提供货物储存和保管。在物流企业中，仓储则承担了改变货物时间状态的重任，联结生产与再生产、生产与消费的环节，为货物创造了时间效用。

一、仓储的功能

仓储的功能包括储存功能、整合功能、分类功能、交叉站台功能。

1. 储存功能

储存功能是仓储业务最基本的功能。在现实经济生活中，如粮食、棉花等农产品是在特定的季节收获的。但粮食和棉花作为原料的需求全年是均衡的；反之季节性产品有明显的销售期间，如空调、纱制服装等，这些产品都需要仓储来支持市场营销活动。

2. 整合功能

整合功能是指仓库接受来自一系列制造工厂指定送往某一特定地区的货物，然后将它们拼装整合成单一的一票装运可以节省运输费用，并减少收货站台发生拥堵。

3. 分类功能

分类功能是指仓库接收来自制造商的客户组合订货，然后将组合订货分类或分割成个别订货，并安排当地的运输部门负责运送到各个客户处去，由于长距离运输转移的是大批量的货物，运输费用较低，通过仓库的分类就能节约运输费用。

4. 交叉站台功能

交叉站台功能是指交叉站台设施从多个制造商处收到运来整车的货物，货物中如果有标签的就按客户进行分类；如果没有标签的，则按地点进行分配，然后装上拖车，一旦该拖车装满了来自多个制造商的组合产品后，它就被放行运往指定客户地点。这样既能使所有的车辆都进行了充分的装载，既节约了运输费用，又更有效地利用了站台设施，使站台装载利用率达到最大限度。

二、仓储的一般业务程序

1. 签订仓储合同

仓储合同又称仓储保管合同，是指保管人接受存货人交付储存的货物，并在储存期限届满时，完好地归还该货物。存货人给付保管费的协议，通过签订仓储合同以明确双方的权利义务关系。

2. 验收货物

仓库保管员在接收到库的货物时，存货人先提供仓储合同副本、承运人的运单或接运人员交付的到货交接单等，并提供货物的质量证明书或合格证及其他相关单证。只有在各种单证齐全，并经核对无误后才能据以验收，验收时要点收货物的数量，检查货物的包装和标志，并鉴定货物的质量指标是否符合规定等。对于满足收货条件的，可在交接清单上签收，并写上需注明的情况，以便分清仓库与运输部门的责任。对于不符合收货要求的，可在交接清单上注明，并拒收货物。

3. 办理入库手续

货物验收后，由保管员填写入库通知单。在该单上注明货物的品名、型号、规格、数量、单位，以及货物存放的库房号和货位号，并由保管员签字确认。入库通知单一式数联：其中一联交付存货人作为其存货的依据；一联作为货卡由仓库保管员留存；一联据以登记实物保管明细账。同时仓库业务部门凭入库通知单存货人签发仓单。仓单是指保管人向存货人填发的书面文件，体现保管人向仓单持有人履行交付仓储物的义务。

4. 货物保管

货物进入仓库后在保管期间要经常检查货物的数量是否正确，质量有无变化，保管条件和安全措施是否符合要求，并进行定期和不定期的盘点：核对货物实际数量与保管账上的数量是否相符，分析货物数量溢缺的原因，以改进仓储管理。

5. 货物出库

仓库接到存货人或仓单持有人持有的仓单和出库通知后，对单证审核无误后收回仓单，签发仓库货物出库单。在出库单上注明发货商品存放的货区、库房货位编号及储存数量，将其连同提货单一并转交仓库保管员。保管员对转交的出库单复核无误后，备齐货物。当面与提货人按单逐件点交清楚，办好交接手续。提货人和保管员均应在出库单上签章，出库单一式数联。发货结束后，应在出库单上加盖发讫戳记，然后将一联出库单及相关单证送交存货人，以便其办理账款结算。保管员自留一联登记实物保管明细账，出库单应定期装订成册，妥善保管。在规定的时间内，转交财会人员，据以向存货人收取堆存收入。

三、仓储业务的成本核算对象、成本计算单位及成本计算期

1. 成本核算对象

物流企业经营仓储业务的仓库类型复杂多样，按建筑结构可分为露天仓

库、简易仓库、平房仓库、楼房仓库、立体仓库和罐式仓库等；按保管货物的特性可分为普通仓库、冷藏仓库、恒温仓库、特种危险品仓库等，因此仓储业务的成本核算对象为各种类型的仓库。

2. 仓储业务的成本计算单位

仓储业务的成本计算单位是以货物堆存量的计量单位为依据，货物堆存量通常以重量作为成本计量单位，用堆存吨天表示，它是指实际堆存货物的吨数与货物堆存天数的乘积。货物堆存量也能以面积作为成本计量单位，用堆存 $m^2/$天表示，它是指实际堆存货物的面积与堆存货物天数的乘积。在实际工作中，通常用堆存千吨/天或堆存 $m^3/$天作为仓储业务的成本计算单位。

3. 成本计算期

仓储业务的成本应按月、季、半年、年度计算从年初至各月末止的累计成本。

四、仓储业务的成本构成

由于仓储业务主要是堆存货物，因此仓储成本习惯上称为堆存成本。仓储成本项目分为堆存直接费用和营运间接费用两项构成。

1. 堆存直接费用

堆存直接费用是指仓库因仓储、保管货物而发生的直接费用，它有以下几个明细项目，见表3-1。

表 3-1　堆存直接费用类别

成本项目		内　容
直接人工	工资	是指按规定支付给从事仓储作业人员的标准工资、工资性津贴、补贴、奖金及福利费
直接材料	材料费	是指因仓储保管货物所消耗的各种材料
其他直接费用	低值易耗品摊销	是指应由本期仓储成本负担的货架、托盘、垫仓板、苫布等仓储工具和其他低值易耗品的摊销额
	动力及照明费	是指冷藏仓库、恒温仓库等耗用的动力费和各种仓库耗用的照明费
	折旧费	是指仓库等仓储设备按照规定计提的折旧费

成本项目		内　容
其他直接费用	修理费	是指为保证仓储设备正常使用而发生的修理费用
	劳动保护费	是指仓储作业中职工劳动保护费用，包括防暑清凉饮料费用
	事故损失	是指在仓储作业过程中因仓库责任而造成的货物被盗、丢失、损毁、变质、错交等事故损失
	保险费	是指应由本期仓储业务负担的财产保险费用
	其他费用	是指不属于以上项目的仓储直接费用

2. 营运间接费用

由于仓储业务和装卸业务是密不可分的，仓储和装卸业务往往与客户合签一张合同，因此营运间接费用是指企业的仓储装卸、营运部或分公司为管理和组织仓储、装卸所发生的管理费用和业务费用。

五、堆存成本的核算

1. 堆存直接费用的归集

物流企业仓储货物所发生的堆存直接费用，应根据"工资分配表""耗用材料汇总表""固定资产折旧费用计算表"，以及各种发票、单据等，直接列入所属仓库或库区的成本，借记"主营业务成本——堆存支出"账户，贷记"应付职工薪酬""原材料""累计折旧""银行存款"等相关的账户。

【例 3-1】2023 年 4 月，先锋物流有限公司计提本月工资和仓库折旧费用，具体金额见表 3-2。

表 3-2　4 月计提工资和折旧费用明细表　　　　　金额单位：元

计提项目	类别			
	普通仓库	冷藏仓库	特种危险品仓库	合计
工资费用	79 000	87 000	104 000	270 000
仓库折旧费用	24 000	29 000	15 800	68 800
合计	103 000	116 000	119 800	338 800

（1）分配本月仓储作业人员工资，编制会计分录如下。

借：主营业务成本——堆存支出——普通仓库——工资 79 000

    ——堆存支出——冷藏仓库——工资 87 000

    ——堆存支出——特种危险品仓库——工资

                 104 000

  贷：应付职工薪酬   270 000

（2）按仓库月折旧额计提本月折旧费。

借：主营业务成本——堆存支出——普通仓库——折旧 24 000

    ——堆存支出——冷藏仓库——折旧 29 000

    ——堆存支出——特种危险品仓库——折旧

                 15 800

  贷：累计折旧   68 800

2. 营运间接费用的归集与分配

物流企业的营运间接费用应按营运部或分公司设置明细分类账，归集营运部或分公司发生的营运间接费用。期末，按营运部或分公司的堆存直接费用和装卸直接费用的比例进行分配，其计算公式如下：

$$分配率 = 某营运部或分公司营运间接费用 \div (该营运部或分公司堆存直接费用 + 该营运部或分公司装卸直接费用)$$

$$该营运部或分公司仓储业务应负担的营运间接费用 = 该营运部或分公司堆存直接费用 \times 分配率$$

$$该营运部或分公司装卸业务应负担的营运间接费用 = 该营运部或分公司装卸直接费用 \times 分配率$$

【例 3-2】2023 年 4 月，先锋物流有限公司发生的堆存直接费用见表 3-3。

表 3-3 堆存直接费用明细表   金额单位：元

项目	类别			
	普通仓库	冷藏仓库	特种危险品仓库	合计
堆存直接费用	68 000	42 000	25 000	135 000

当月装卸队共发生费用 100 000 元，则计算下列指标。

营运间接费用分配率＝100 000÷（68 000＋42 000＋25 000）＝0.74

普通仓库应负担营运间接费用＝68 000×0.74＝50 320（元）

冷藏仓库应负担营运间接费用＝42 000×0.74＝31 080（元）

特种危险品仓库应负担营运间接费用＝100 000－（50 320＋31 080）

＝18 600（元）

根据分配的结果，编制会计分录如下：

借：主营业务成本——堆存支出——普通仓库——营运间接费用

50 320

——堆存支出——冷藏仓库——营运间接费用

31 080

——堆存支出——特种危险品仓库——营运间接费用

18 600

贷：营运间接费用——装卸队 100 000

仓储业务应负担的堆存直接费用和营运间接费用构成了堆存总成本，堆存总成本除以货物堆存量即为堆存单位成本。其计算公式如下：

堆存单位成本（元/堆存吨天）＝堆存总成本÷货物堆存量（堆存吨天）

月末应根据"主营业务成本——堆存支出"明细账所归集的堆存成本和该月实际完成的堆存量，编制堆存成本计算表，以反映堆存总成本和单位成本。

第二节　装卸业务成本的核算

装卸业务是指物流企业运用机械设备和人力，为客户提供改变货物在物流同一节点内的存在状态和空间位置的服务。装卸有狭义和广义之分，狭义的装卸是指货物在指定地点以人力或机械装入或卸下；广义的装卸通常还含有搬运的业务，在实际工作中装卸和搬运是密不可分的，通常合称装卸搬运。

装卸业务是物流企业的运输、仓储和配送等业务生产经营活动的开始和结束时必然发生的活动。例如，货物需要从仓库搬运至运输工具处，并装上运输工具才能进行运输，运到储存地以后，从运输工具上卸下并搬运至仓库才能进行储存。装卸业务的生产经营活动的质量会影响物流企业其他业务的生产经营活动的质量和速度。

一、装卸的一般业务程序

1. 签订装卸合同

装卸合同是指装卸人接受客户的要求，将货物完好无损地装入运输设备或卸下运输设备，并将卸下的货物搬运至指定的地点，客户给付装卸费的协议，通过签订装卸合同以明确双方的权利和义务。

2. 落实装卸作业的组织

装卸营运部根据装卸合同对装卸作业对象的特点进行详细了解，据以确定装卸搬运作业的方式，规划装卸搬运作业路线，选择装卸搬运的工具和设备，组织装卸搬运作业人员并签发装卸作业单，单内列明装卸货物的名称、数量及装卸的要求等，装卸作业单一式四联，装卸营运部留存一联，将其余三联转交装卸队。

3. 装卸货物

装卸队在进行装卸作业前应先核对装卸的货物与装卸作业单上所列的品名与数量是否相符，检查包装是否完好，等确认无误后才能进行装卸作业。装卸完毕后在装卸作业单上签章后，将三联装卸作业单转交装卸营运部，装卸营运部留下一联，另两联转交财会部门，财会部门留下一联入账，另一联转交客户作为收取装卸收入的依据。

二、装卸业务的成本核算对象、成本计算单位和成本计算期

1. 装卸业务的成本核算对象

物流企业以运输业务或仓储业务为主的，在经营装卸业务时，可以机械作业和人工作业分别作为成本核算对象，核算其成本以机械作业为主，人工作业为辅的作业活动，可不单独核算人工装卸成本。以人工作业为主、机械作业为辅的作业活动，也可以不单独核算机械装卸成本。

物流企业经营港口业务的，为了加强成本管理，可以把装卸作业的主要货种作为成本核算对象，核算其成本。主要货种可分为石油、煤炭、矿石、木材、粮食、集装箱、杂货等。

2. 装卸业务的成本计算单位

装卸业务的成本计算单位是以货物装卸量的计量单位为依据货物装卸量

通常以重量作为成本计量单位，用装卸吨表示。集装箱装卸业务的成本计算单位可采用标准箱，也可以采用装卸吨。两者的换算比例如下：

$$1\text{ 标准箱} = 10\text{ 装卸吨}$$

3. 装卸业务的成本计算期

装卸业务的成本应按月、季、半年和年度计算，从年初至各月末止的累计成本。

三、装卸成本的核算

装卸成本项目分为装卸直接费用和营运间接费用两项。装卸业务应负担的装卸直接费用和营运间接费用构成了装卸总成本，装卸总成本除以货物装卸量即为装卸单位成本，其计算公式如下：

$$装卸单位成本（元/装卸吨） = \frac{装卸总成本}{货物装卸量（装卸吨）}$$

物流企业月末应根据"主营业务成本——装卸支出"明细账所归集的装卸成本和该月实际完成的装卸量，编制"装卸成本计算表"以反映装卸总成本和单位成本。

1. 装卸直接费用

装卸直接费用是指物流企业因装卸货物而发生的直接费用，它有以下几个明细项目，见表 3-4。

表 3-4　装卸直接费用

项　目	含　义
工资	指按规定支付给从事装卸作业人员的标准工资、工资性津贴和补贴及奖金
燃料费	指各种装卸机械和机械化装卸系统在运行过程中实际耗用的汽油、柴油等燃料
轮胎	指装卸机械领用的外胎、内胎和垫带及其翻新和零星修补费用
材料费	指在装卸作业中所耗用的各种材料，装卸队自行维修保养装卸机械、装卸工具所耗用的各种材料，以及领用的各种手用工具、随车工具等
动力及照明费	指装卸机械在运行中消耗的动力和照明用电费
低值易耗品摊销	指应由本期装卸成本负担的抓斗、漏斗、网络、托盘、手推车、跳板等装卸用具的摊销额

项　目	含　义
折旧费	指各种装卸机械设备按规定提取的折旧费
修理费	指为装卸机械设备和装卸工具进行维修发生的工料费
外付装卸费	指支付给外单位支援装卸作业所发生的费用
劳动保护费	指从事装卸业务使用的劳动保护用品，防暑清凉饮料以及采取劳动保护措施等所发生的各项费用
事故损失	指在装卸作业过程中因装卸作业人员造成的，应由本期装卸成本负担的货损、机损，以及装卸作业人员的人身伤亡等事故所发生的损失
保险费	指应由本期装卸成本负担的财产保险费
其他费用	指不属于以上各项目的装卸直接费用

物流企业装卸货物所发生的装卸直接费用，应根据"工资分配表""燃料耗用汇总表""轮胎领用汇总表""耗用其他材料汇总表""固定资产折旧费用计算表"及各种发票、单据等，直接列入所属装卸队的成本。届时借记"主营业务成本——装卸支出"账户，贷记"应付职工薪酬""原材料""累计折旧""银行存款"等相关账户。这里需要说明的是，装卸机械使用的轮胎外胎的磨损由于与行驶里程无关，因此不能采用按行驶里程摊提法，而应采用一次摊销法。如果一次领换轮胎外胎数量较多时，也可以先列入"待摊费用"账户，然后分月摊销计入装卸成本。

【例3-3】星原物流公司仓储装卸营运部下有两个装卸队，装卸一队以人工作业为主，机械作业为辅；装卸二队以机械作业为主，人工作业为辅。4月发生下列部分有关的经济业务。

（1）分配本月装卸作业人员工资，其中装卸一队45 600元；装卸二队32 800元，编制会计分录如下：

借：主营业务成本——装卸支出——装卸一队——工资　　　45 600
　　　　　　　　　　——装卸支出——装卸二队——工资　　　32 800
　　贷：应付职工薪酬　　　　　　　　　　　　　　　　　　　78 400

（2）根据"燃料耗用汇总表"，列明装卸一队耗用柴油3 420元；装卸二队耗用柴油5 280元，编制会计分录如下：

借：主营业务成本——装卸支出——装卸一队——燃料费　　　3 420

　　　　　　　——装卸支出——装卸二队——燃料费　　5 280

　　贷：原材料——燃料　　　　　　　　　　　　　　　　8 700

　　（3）根据"轮胎领用汇总表"，列明装卸一队领用轮胎 6 390 元，装卸二队领用轮胎 7 500 元。轮胎采用一次摊销法，编制会计分录如下：

　　借：主营业务成本——装卸支出——装卸一队——轮胎　　6 390

　　　　　　　——装卸支出——装卸二队——轮胎　　　　7 500

　　贷：原材料——轮胎　　　　　　　　　　　　　　　　13 890

2. 营运间接费用

　　营运间接费用是指物流企业的装卸营运部或分公司，为管理和组织装卸的营运生产所发生的管理费用和业务费用。

　　由于物流企业的装卸作业与仓储作业，运输作业常常相互衔接，因此，物流企业往往由营运部或分公司来统一组织和管理这些业务的生产经营活动，这就要求营运间接费用按营运部或分公司进行归集。期末，按这些业务的直接费用的比例进行分配。

　　【例 3-4】2023 年 4 月 30 日，星原物流公司发生仓储装卸营运部装卸直接费用 42 000 元，其中，装卸一队发生装卸直接费用 25 000 元；装卸二队发生装卸直接费用 17 000 元；两个仓库发生营运间接费用 33 000 元。分配两个装卸队各应负担的营运间接费用如下：

　　分配率＝33 000÷（25 000＋17 000）＝0.79

　　装卸一队应负担的营运间接费用＝25 000×0.79＝19 750（元）

　　装卸二队应负担的营运间接费用＝33 000－19 750＝13 250（元）

　　根据分配的结果，编制会计分录如下：

　　借：主营业务成本——装卸支出——装卸一队——营运间接费用

　　　　　　　　　　　　　　　　　　　　　　　　　19 750

　　　　　　　——装卸支出——装卸二队——营运间接费用

　　　　　　　　　　　　　　　　　　　　　　　　　13 250

　　贷：营运间接费用——仓储装卸营运部　　　　　　　　33 000

　　【例 3-5】2023 年 4 月 30 日，星原物流公司第一装卸队实际完成装卸作业量 1 000 千吨，第二装卸队实际完成装卸作业量 711 千吨。根据公司"主营业务成本——装卸支出"明细账和资料，编制装卸成本计算表，见表 3-5。

表 3-5 装卸成本计算表

2023 年 4 月 30 日   金额单位：元

项　　目	本年预算数（略）	本年实际数		
		合计	装卸一队	装卸二队
一、装卸直接费用	—	409 170	249 680	159 490
1. 工资	—	130 800	120 000	10 800
2. 职工福利费	—	25 600	12 400	13 200
3. 燃料费	—	17 350	8 270	9 080
4. 轮胎	—	13 300	6 500	6 800
5. 材料费	—	9 410	4 240	5 170
6. 动力及照明费	—	7 520	3 920	3 600
7. 低值易耗品摊销	—	9 480	4 680	4 800
8. 折旧费	—	126 900	57 700	69 200
9. 摊销费	—	33 260	15 060	18 200
10. 劳动保护费	—	10 780	4 780	6 000
11. 事故损失	—	5 830	3 210	2 620
12. 保险费	—	4 980	2 160	2 820
13. 其他费用	—	13 960	6 760	7 200
二、营运间接费用	—	32 560	14 300	18 260
三、装卸总成本	—	441 730	263 980	177 750
四、装卸作业量（千吨）	—	1 711	1 000	711
五、装卸单位成本（元/千吨）	—	—	263. 98	250

第4章
配送业务成本的核算

配送业务是指物流企业根据客户的要求，对货物进行储存、拣选、包装、组配等作业，并按时将组配的货物以最合理的方式送交收货人的服务。配送是物流系统中一种特殊的、综合的活动形式，它集装卸、储存、包装、运输于一身，通过一系列活动，完成将货物送达收货人的生产经营活动。

第一节　配送的一般业务程序与成本核算项目

物流企业的配送业务在货物的整个输送过程中是处于二次输送、支线输送或终端输送的位置。它是中转型送货，通常是短距离少量货物的移动。

一、配送的一般业务程序

配送的一般业务程序包括签订配送合同、货物入库、货物保管、分拣及配货、配装、运输送达。

1. 签订配送合同

配送合同是指物流企业接受客户交付的各种大批量货物，并按照客户的指令将各收货人所需的各种货物进行配货，并在一定的时间内完好地送达收货人。客户将给付配送费的协议，通过签订配送合同，以明确双方的权利和义务。

2. 货物入库

仓库收到客户发来货物时，保管员应将货物与客户开来的发货单核对是否相符，检查货物有无损坏。经检查无误后，开具入库通知单并注明货物的品名、型号、规格、数量、单位，以及货物存放的库房号和货位号，签字确认入库通知单一式三联，其中一联交付客户作为其存货的依据，一联作为货卡由仓库保管员留存，另一联据以登记实物保管账。

3. 货物保管

仓库对于在库的货物要注意养护，确保货物质量安全并进行定期和不定期的盘点，核对货物实际数量与保管账上的数量是否相符，分析货物数量溢缺的原因，以提高货物仓储管理的质量。

4. 分拣及配货

营运部接到客户配送要求后，即填列配送单，该单上列明配送货物的品名、型号、规格、数量、单位，以及货物存放的库房号和货位号等，配送单一式数联。营运部自留一联，将其余各联转交分拣及配货部门，由其按照配送单上的要求将存放的货物分拣出来，配备齐全。经复核人员确认无误后，再进行适当的包装并标明收货人名称、地址、送达时间的要求，然后在配货单上签字确认，已完成配货后，留下一联配送单据以登记实物保管账，将其余各联连同配好的货物一并转交配装部门。

5. 配装

配装部门收到配好的货物后，将同一条送货路线上不同收货人的货物进行组合，配装在同一辆载货车上，并将配送单转交运输部门。

6. 运输送达

运输部门待货物配装完毕后，将配送单交付给司机或随车送货人，然后由其依次将配好的货物送达收货人。经其验收无误后，将一联配送单交付收货人作为其收货的依据，另一联配送单由收货人签章后带回作为向客户收取配送费的依据。

二、配送业务的成本核算对象、成本计算单位和成本计算期

1. 成本核算对象

物流企业配送业务是由多个环节完成的，各个配送环节的成本核算都具有各自的特点。因此，配送的各个环节都应当有各自的成本核算对象，货物保管环节的成本核算对象是仓库，分拣及配货的成本核算对象是被分拣及配货的货物，配送发运的成本核算对象则是货运车辆。

2. 成本计算单位

由于配送业务有多个成本核算对象，因此也就有多个成本计算单位，货物保管业务的成本计算单位为堆存量，用千吨天表示；分拣配货业务的成本计算单位为分拣配货量，用千吨或千件表示；配装业务的成本计算单位为配装量，用千吨表示；运输送达业务的成本计算单位为货物周转量，用千吨公里表示。

3. 成本计算期

配送业务的成本应按月、季、半年和年度，计算从年初至各月末止的累计成本。

三、配送成本项目

配送业务有多个成本核算对象，不同的核算对象成本项目是不同的。货物保管业务与前述的仓储业务相同，可以采用仓储业务的成本项目，配装业务与装卸业务相类似，可以参照装卸业务的成本项目。运输送达业务与汽车运输业务相同可以采用汽车运输业务的成本项目。最后，阐述分拣及配货业务的成本项目，分拣及配货的成本项目分为分拣及配货直接费用和营运间接费用两项。

1. 分拣及配货直接费用

分拣及配货直接费用是指物流企业因配送业务的需要对货物进行分拣及配货所发生的直接费用，它有以下五个明细项目，见表4-1。

表 4-1　分拣及配货直接费用

项　目	内　容
工资	指按规定支付给从事分拣及配货作业人员的标准工资、工资性津贴及补贴和奖金
材料费	指在分拣及配货作业中所耗用的各种材料
折旧费	指分拣机械按规定提取的折旧费用
修理费	指分拣机械进行维修发生的工料费用
其他	指不属于以上项目的分拣及配货的直接费用

2. 营运间接费用

营运间接费用是指物流企业的营运部或分公司为管理和组织分拣及配货的营运生产所发生的管理费用和业务费用。

第二节　配送成本的核算

1. 配送直接费用的归集

物流企业配送货物所发生的配送直接费用，应根据"工资分配表""耗用材料汇总表""固定资产折旧费用计算表"及各种发票、单据等，直接列入各个环节的成本。届时借记"主营业务成本——配送支出——堆存费用""主营业务成本——配送支出——分拣配货费用""主营业务成本——配送支出——配装费用""主营业务成本——配送支出——运输费用"等账户，贷记"应付职工薪酬""原材料""累计折旧""银行存款"等相关账户。

2. 营运间接费用的归集与分配

物流企业配送业务各个环节的营运间接费用，先在组织和管理这些业务的营运部或分公司的明细账中归集。届时借记"营运间接费用——配送营运部"账户，贷记"应付职工薪酬""累计折旧"等相关账户。期末，再将归集的营运间接费用按堆存、分拣及配货、配装和运输四项业务直接费用的比例进行分配。

月末，物流配送企业应编制"配送运输成本计算表"，以反映配送运输总成本和单位成本。配送运输总成本是指成本计算期内成本计算对象的成本总额，即各个成本项目金额之和。成本计算期内各成本计算对象的成本总额除以实际周转量就是运输单位成本。配送运输成本计算模板见表 4-2。

表 4-2 配送运输成本计算表

编制日期：

编制单位： 金额单位：元

项目	计算依据	配送车辆合计	配送营运车辆		
			解放	东风	金杯
一、车辆费用					
工资					
燃料费					
轮胎费					
修理费					
折旧					
养路费					
行车事故费					
其他					
二、营运间接费用					
三、配送运输总成本					
四、周转量（千吨/公里）					
五、单位成本（元/千吨公里）					

3. 保管费用的核算

保管费用的核算与仓储费用的核算相似，发生保管间接费用时，归集"营运间接费用"账户中，发生保管直接费用时，根据成本项目，借记"主营业务成本——配送支出——保管费用"科目，贷记"原材料""应付职工薪酬"等相关会计科目。

【例 4-1】2023 年 4 月，香城物流公司配送业务发生保管费用：领取材料2 500 元，职工工资为 28 400 元，其他直接保管物资费用为 3 900 元，编制会计分录如下。

借：主营业务成本——配送支出——保管费用 34 800

　　贷：原材料 2 500

　　　　应付职工薪酬——工资 28 400

　　　　库存现金 3 900

4. 分拣费用的核算

（1）分拣人工费用的核算。根据分拣人工费用的"工资结算表"等有关资料，借记"主营业务成本——配送支出——分拣费用"科目，贷记"应付职工薪酬"科目。

（2）分拣设备费用的核算。根据分拣设备费用的核算，分为维修保养费和装备折旧费。借记"主营业务成本——配送支出——分拣费用"科目，贷记"原材料""累计折旧"等科目。

5. 配装费用的核算

配装费用包括职工工资、材料费用、辅助材料费用、间接费用等。

（1）人工费用的核算。根据配装人工费用的"工资结算表"等有关资料，直接借记"主营业务成本——配送支出——配装费用"科目，贷记"应付职工薪酬"科目。

（2）材料费用的核算。直接材料费用需要根据领料凭证，汇总编制"耗用材料汇总表"确定，直接借记"主营业务成本——配送支出——配装费用"科目，贷记"原材料"科目。

（3）辅助材料费用的核算。物流企业发生配装辅助材料费用后，根据相关资料借记"主营业务成本——配送支出——配装费用"科目，贷记相关科目。

（4）配装间接费用的核算。发生配装间接费用时，先将费用归集到配装间接费用中，再根据"配装间接费用分配表"记入其他科目中。

【例 4-2】2023 年 4 月，亚达物流公司配送业务发生的配装费用 25 500 元，职工工资为 10 400 元，低值易耗品 8 000 元及其他费用为 7 100 元，编制会计分录如下。

借：主营业务成本——配送支出——配装费用   25 500
  贷：应付职工薪酬——工资   10 400
    周转材料——低值易耗品   8 000
    银行存款   7 100

第5章
包装与流通加工业务核算

在《包装术语 第1部分：基础》（GB/T 4122.1）国家标准中，包装是指为在流通过程中保护产品，方便储存，促进销售，按一定技术方法而采用的容器、材料及辅助物等的总体名称。包装是包装物及包装设计的总称。包装设计应当考虑：物流需要、加工制造、市场营销及产品设计要求。

包装的目的：一是防止商品破损变形；二是防止商品发生化学变化；三是防止有害生物对商品的影响；四是方便流通、介绍商品、促进销售；五是与其他环节的配合，有利于环保。

第一节 包装的分类与标志

包装对装卸搬运、仓储保管、仓库利用率、商品运输过程的影响主要有以下几点。①包装在物流企业中占据重要位置，如果装卸搬运以人工为主，则需要进行小单位包装；如果使用装卸机械搬运，则不必顾忌包装的大小。②对商品进行仓储保管时，一定要注意商品包装的承受重量，如果包装的承受重量很大，则可以减少仓库的使用个数；如果包装的承受重量较小，则使用仓库的个数较多。③如果包装箱可以承受 100 千克的重物，每个包装箱与商品共重 50 千克，则包装箱上可以罗列 2 个包装箱；如果包装箱可以承受 200 千克的重物，每个包装箱与商品共重 50 千克，则包装箱上可以罗列 4 个包装箱；如果仓库只可以罗列 10 个包装箱，则不能有效地利用仓库空间，所以商品包装对仓库的利用率的影响也很大。④包装对商品的运输影响很大，如果商品用纸箱包装，则只能用集装箱运输；如果商品用木箱包装，则不必过于挑选运输工具。

一、包装的分类

现代产品对包装要求的目的、功能、形态、方式也各不相同，对不同的产品采用不同的包装形式。包装的分类见表 5-1。

表 5-1　包装的分类

分　类		特　点	作　用
按功能分类	工业包装	以运输、保管为主要的包装，也就是从物流需要出发的包装，也称运输包装，是一种外部包装（包含内部包装）在满足物流要求的基础上，使包装费用越低越好	具有保护功能、定量或单位化功能、便利功能和效率功能，必须在包装费用和物流时的损失两者之间寻找最优的效果
	商业包装	也叫零售包装或消费者包装，主要是根据零售业的需要包装，这种包装的特点是外形美观，有必要的装潢，包装单位适用用户的购买量以及商店陈设的要求	具有定量功能、标识功能、商品功能、便利功能和促销功能。主要目的在于方便商品在卖场中自选式销售
按包装层次分类	内包装	又称销售包装，主要有陈列类（堆叠式、吊挂式、展开式）、识别类（透明式、开窗式、封闭式）和使用类（普通式、便携式、礼品式、易开式、喷挤式、复合式）	具有保护、宣传、美化商品，便于陈列、识别、携带和使用商品的作用
	外包装	在外包装中应选择合适的包装造型、材料、体积、轻重或印制条码。外包装又有单件包装（箱、包、袋、捆、桶）和集合包装（集装包、集装箱、托盘）两类	具有方便运输、装卸和储运，减少损耗、牢固完整、便于检核作用

另外，还有以下几种特殊的包装分类，见表5-2。

表 5-2 特殊包装的分类

分类依据	种　　类
使用次数	分为一次用包装、多次用包装和周转包装
包装材料	分为纸制品包装、塑料制品包装、金属包装、竹木器包装、玻璃容器包装和复合材料包装等
产品种类	分为食品包装、药品包装、机电产品包装、危险品包装等
包装方法	分为防震包装、防湿包装、防锈包装、防霉包装等
软硬程度	分为软包装、半软硬包装和硬包装等
产品形状	粉末包装、颗粒包装、块状包装、片状包装、棒状包装和液体包装
包装重量	分为小包装、中包装和大包装等

二、包装的标志

包装标志，又称标记，是指根据商品本身的特征，用文字图形和阿拉伯数字等在包装上的明显位置注明规定的记号，如一般描述性标记、表示商品收发货地点和单位的标记、牌号标记、等级标记等。

1. 一般描述性标记（商品标志）

一般描述性标记（商品标志）是用来说明商品实体基本情况的，如商品名称、规格、型号、数量、重量、出厂日期、地址等。

2. 表示商品收发货地点和单位的标记（货物标志或运输包装标志）

这是用来表明商品起运、到达地点和收发货单位等的文字记号。

3. 运输包装标志

运输包装标志是指用来指明被包装商品的性质和物流活动安全，以及理货分运需要的文字和图像的说明，由识别标志、运输标志、操作标志和危险品标志构成。运输包装标志便于工作人员辨认识别货物，利于交接、装卸、分票、清点、查核，避免错发错卸、错收。另外，运输包装标志还可以指示工作人员正确操作，以保证货物完整。

三、商品包装技法

商品包装技法是指在包装作业过程中所采用的技术和方法。

1. 商品包装技法的分类

针对产品的不同形态采用的包装技法规定如下。

（1）对内装物的合理置放、固定和加固。

对内装物的合理置放、固定和加固，目的是缩小体积、节省材料、减少损失。

（2）对松泡产品体积进行压缩。

一般采用真空包装技法来压缩体积，从而减少运输空间和储存空间，降低运输和储存费用。

（3）外包装形状尺寸的合理选择。

在外包装形状尺寸的选择中，要注意避免过高、过扁、过大、过重包装。过高的包装会重心不稳，不易堆码；过扁的包装则给标志刷字和标志的辨认带来困难。过大包装量太多，不易销售，而且体积大也给流通带来困难；过重包装则容易使纸箱破损。

（4）内包装形状尺寸的合理选择。

内包装在选择形状尺寸时，要与外包装形状尺寸相配合。另外，内包装主要是作为销售的包装，因此更重要的是要考虑有利于商品的销售，有利于商品的展示、装潢、购买和携带。

（5）包装外的捆扎。

外包装捆扎对包装起着重要作用，有时还能起到关键性作用。捆扎的直接目的是将单个物件或数个物件捆紧，以便于运输、储存和装卸。此外，捆扎还能防止失窃，从而保护内装物：能压缩容积而减少保管费和运输费：能加固容器，使容器的强度增加。常见的捆扎方法有井字捆、十字捆、双十字捆和平行捆等。

2. 包装要求

商品市场竞争的因素诸多，其中商品质量、价格、包装设计是三个主要因素。国际市场对商品包装的总体要求：①符合标准；②招徕用户。具体包装要求如下。

（1）名称易记，包装上的商品名称要易懂、易念、易记。

（2）外形醒目，要使用户从包装外形就能对商品的特征了如指掌。

（3）印刷简明，包装印刷要力求鲜明。

（4）体现信誉，要充分体现商品的信誉，使用户通过商品的包装增加对商品的信赖。

（5）颜色悦目，在超级市场上销售的商品，多采用欧洲流行色，即淡雅或接近白色的色彩，容易吸引用户。

（6）有地区标志，包装应有产品地区标志或图案，使用户容易识别。

（7）有环保意识和标识，为保护环境，采用环保、降解产品替代对环境、人体有害的包装材料。

3. 包装功能

（1）保护商品。商品从生产领域进入到消费领域，中间要经过多次不同情况、不同条件的移动。在商品移动的过程中，要经过装卸搬运、堆码等各种作业，并经受运输工具的震动及意外的跌落。合理的包装可以起到保护商品的作用，避免商品在移动过程中发生损坏。

（2）方便流通，提高物流效率。包装具有方便商品的运输、装卸搬运、计数等各种作业的功能，能够提高物流作业的效率。

（3）降低流通费用。合理的商品包装，不仅可以起到保护商品的作用，而且还具有节约包装材料，节省包装费用、提高运输工具装载率、降低流通费用等多方面的作用。

第二节　物流企业包装成本的核算

在物流过程中，大多数商品都必须经过一定的包装后才能进行流转。为了商品正常流转，通常企业都会发生一定的包装费用。

一、包装费用的构成

包装成本由材料成本、机械设备成本、技术成本、人工成本和辅助成本构成。

包装成本核算工作中涉及主要内容：

1. 确定包装材料形态

多数企业的包装材料成本在包装中都占较大比重，确定包装材料形态是正确计算包装材料的直接成本前提，对于包装成本核算的准确性有很大影响。

企业常用的包装材料有纸质、金属、塑料、玻璃、陶瓷、复合等。不同的材料，或同种材料的不同规格，都会存在采购成本和损耗的差异。另外，企业材料的来源有外购、自制、回收废料及车间余料和委托加工材料等。不同形式的材料其成本也会不同，在核算时应根据作业中材料的具体使用情况核算成本。

2. 确定使用包装机械化程度

在包装成本中包装机械成本通常由包装机械的维修费和折旧费组成，这两种费用由具体的机械决定。常见的包装机械有：装箱机械、装盒机械、装袋机械、灌装机械、裹包机械、捆扎机械、封条和加标机械、封口机械、收缩包装机械、热成型包装机械和拉伸包装机械。不同包装机械的购价、使用寿命、使用年限及使用的频率都会影响单次作业机械成本。

对物流企业来说，其包装费用的构成见表 5-3。

表 5-3　包装费用的构成

项　　目	费用发生的原因	费用内容
包装材料费用	企业为达到包装效果，根据各种物资的特性，选择适合的包装材料	各类物资在实施包装过程中耗费在材料支出上的费用
包装机械费用	包装过程中使用机械作业可以极大地提高包装作业的劳动生产率，同时可以大幅度提高包装水平	使用包装机械（或工具）就会发生购置费用支出、日常维护保养费支出以及每个会计期间终了计提的折旧费，这些都构成物流企业的包装机械费用
包装技术费用	为了使包装的功能能够充分发挥作用，以达到最佳的包装效果，则在包装时需要采用一定的技术措施	实施缓冲包装、防潮包装、防霉包装等。这些技术的设计、实施所支出的费用，合称包装技术费用
包装人工费用	在实施包装过程中，必须有工人或专业作业人员进行操作	对实施包装人员发生的计时工资、计件工资、奖金、津贴和补贴等各项费用支出，构成了包装人工费用支出，但是不包括这些人员的劳动保护费支出
其他辅助费用	除了上述主要费用外，物流企业有时还会发生一些其他包装辅助费用	如包装标记、包装标志的印刷、拴挂物费用的支出等

二、包装费用的管理

包装是生产的终点也是物流的起点，无论是工业包装还是商业包装，都需要耗用一定的人力、物力和财力。对于大多数商品而言，只有经过包装，才能进入流通环节。物流企业包装费用的管理通常包括以下几个方面：

1. 合理选择包装材料，降低包装费用

选择适合具体物资的包装材料，既能达到包装效果，又能减少浪费，从而降低材料费用支出。

2. 实现包装规格的标准化

通过实现包装规格的标准化，可以提高包装过程的效率，减少人工费用和材料费用的支出，同时也方便物流过程中装卸和运输业务。

3. 实现包装机械化

对于有条件的企业，实现机械化包装可以大幅度地提高效率，从而降低各项费用的支出。

4. 在有条件的情况下，组织散装运输

物流企业应根据各类物资的性能和特点，对适合进行散装运输的物资直接组织运输，这样可大幅度地减少包装费用支出。

5. 加强包装过程中日常管理与核算，做好包装物的回收和利用

企业还应该加强包装过程中的日常管理与核算，注意做好包装物的回收和旧包装的利用等。

三、包装费用计算方法

1. 会计核算程序

结转相应的包装成本时，应借记"主营业务成本——包装成本"科目，贷记"原材料"等科目。

对于包装业务中产生的各项成本，凡是不可以直接记入"主营业务成本——包装成本"科目，不能直接配比的，则应该记入"销售费用"项目。应区分费用的性质和项目，记入"销售费用"总分类账户及其相关的明细分类账户。

进行包装成本核算时，应借记"主营业务成本——包装支出"科目，贷记"周转材料——包装物""原材料""库存现金""应付职工薪酬""累计折旧"等科目。

【例 5-1】恒原物流企业 4 月对甲企业的商品进行包装，为达到甲企业提出的包装要求，该物流企业一次性领用包装箱 400 个，每个包装箱的单价 12 元，共计 4 800 元；并且领用了 3 200 元的包装材料，为包装工人支付了 1 000 元的工资，其他直接费用 500 元，折旧费用为 700 元，编制会计分录如下。

借：主营业务成本——包装支出　　　　　　　　　　　　　　　10 200

　　贷：周转材料——包装物　　　　　　　　　　　　　　　　　4 800

　　　　原材料　　　　　　　　　　　　　　　　　　　　　　　3 200

　　　　应付职工薪酬　　　　　　　　　　　　　　　　　　　　1 000

　　　　库存现金　　　　　　　　　　　　　　　　　　　　　　　500

　　　　累计折旧　　　　　　　　　　　　　　　　　　　　　　　700

2. 营运间接费用的核算

在包装过程中，物流企业支付的营运间接费用应先归集到"营运间接费用"中，然后再分配到"包装成本"中去，其分配比例可以按照直接费用比例核算。

【例 5-2】恒原物流企业 4 月共支付 18 900 元的营运间接费用，此次包装过程中的直接费用总和为 94 500 元，其中：包装一队为 40 500 元，包装二队为 54 000 元。则营运间接费用的分配计算如下：

营运间接费用分配率＝18 900÷94 500＝0.2

包装一队的营运间接费用＝40 500×0.2＝8 100（元）

包装二队的营运间接费用＝54 000×0.2＝10 800（元）

根据上述计算，编制会计分录如下。

借：主营业务成本——包装支出——包装一队——营运间接费用

　　　　　　　　　　　　　　　　　　　　　　　　　　8 100

　　　　　　——包装支出——包装一队——营运间接费用

　　　　　　　　　　　　　　　　　　　　　　　　　10 800

　　贷：营运间接费用　　　　　　　　　　　　　　　　　18 900

对于包装业务中产生的各项成本，凡是可以和包装收入配比的，可直接记入"主营业务成本——包装成本"科目，不能直接配比的，应记入"销售费用"科目。

"销售费用"科目可以根据物流企业业务不同的特点下设明细科目，主要核算物流企业进货过程中发生的运输费、装卸费、包装费、保险费、运输的合理损耗和入库挑选整理费等。月末，将本期的销售费用全部从本科目的贷方转入"本年利润"科目。

【例 5-3】恒原物流企业对所运输货物单独收取包装费，并且在运费结算中单独列示。4 月，该公司承运一批散货，为了运输安全，对所运输的散货打包装箱。在包装过程中，领用包装纸箱 1 000 个，共计 2 000 元，支付包装临时劳务费 3 200 元，包装结束后以银行存款全部支付。这笔货物共收取托运人包装费用 7 420 元（增值税率 6%）。编制会计分录如下。

```
借：应收账款——甲企业                              7 420
    贷：主营业务收入——包装收入                       7 000
        应交税费——应交增值税（销项税额）              420
```

收到进账单后。

```
借：银行存款                                      7 420
    贷：应收账款——甲企业                           7 420
```

计算结转成本。

```
借：主营业务成本——包装纸箱                         2 000
             ——劳务费                           3 200
    贷：原材料——包装纸箱                           2 000
        银行存款                                 3 200
```

若恒原物流企业对所运输货物不单独收取包装费，则上述业务的会计分录如下。

```
借：销售费用                                      5 200
    贷：原材料——包装纸箱                           2 000
        银行存款                                 3 200
```

第三节 流通加工业务的管理

加工是指改变物质的形状或性质的生产活动，与流通本属不同范畴，但是，为了运输方便或适应用户多样化的需求，以及综合利用等目的，有些辅助性加工活动要在物流过程中进行，这种活动一般就称为流通加工。流通加工一般包括袋装、定量化小包装、拴牌子、贴标签、配货、拣选、分类、混装、刷标记等。

一、流通加工在物流中的地位

1. 流通加工有效地完善了流通

流通加工在实现时间效用和空间效用这两个重要功能方面，确实不能与运输和仓储相比，因而，流通加工不是物流的主要功能要素；另外，流通加工的普遍性也不能与运输、仓储相比，流通加工不是所有物流活动都必需的。

流通加工的地位可以描述为：提高物流效率，有效地完善了流通。

2. 流通加工是物流业的重要利润来源

流通加工是一种低投入、高产出的加工方式，往往以简单加工解决大问题。在实践中，有的流通加工通过改变商品包装，使商品档次升级而充分实现其价值；有的流通加工可将产品利用率大幅提高30%，甚至更多。

实践证明，流通加工提供的利润并不亚于从运输和保管中挖掘的利润，因此，我们说流通加工是物流业的重要利润来源。

3. 流通加工在国民经济中也是重要的加工形式

流通加工在整个国民经济的组织和运行方面是一种重要的加工形式，对推动国民经济的发展和完善国民经济的产业结构具有一定的意义。

二、流通加工的类型

流通加工的类型见表5-4。

表 5-4　流通加工的类型

目　　的	释　　义
为适应多样化需要的流通加工	为了满足客户对产品多样化的需要，同时又要保证高效率的生产，可将生产出来的整包装、标准化的产品进行多样化的改制加工。例如，对钢材卷板的舒展、剪切加工，平板玻璃按需要规格的开片加工；将木材改制成枕木、板材方材等的加工

目　　　的	释　　　义
为方便消费、省力的流通加工	指根据下游生产的需要,将商品加工成生产直接可用的状态。例如,根据需要将钢材定尺、定型,按要求下料,将木材制成可直接投入使用的各种型材,将水泥制成混凝土拌合料,使用时只需稍加搅拌即可使用等
为保护产品所进行的流通加工	为了保护商品的使用价值,延长商品在生产和使用期间的寿命,防止商品在运输、储存、装卸、搬运、包装等过程中遭受损失,可以采取稳固、改装、保鲜、冷冻涂油等方式。例如,水产品、肉类、蛋类的保鲜、保质的冷冻加工、防腐加工等,丝麻棉织品的防虫、防霉加工等
为弥补生产领域加工不足的流通加工	实际上是生产的延续,是生产加工深化。例如,木材在产地达不到加工能力,并不完全符合要求,进一步下料、裁切等加工则由流通加工来完成
为促进销售的流通加工	例如,为了适合一次销售的小包装,可将大包装或散装的货物在不影响运输的前提下,进行改装和分装,以吸引用户
为提高加工效率的流通加工	许多生产企业的初级加工由于数量有限,因而加工效率不高。而流通加工以集中加工的形式,解决了单个企业加工效率不高的弊病
为提高物流效率、降低物流损失的流通加工	有些商品本身的形态使之难以进行物流操作,而且商品在运输、装卸、搬运过程中极易受损,因此,需要进行适当的流通加工加以弥补,从而使物流各环节易于操作,提高物流效率,降低物流损失
为衔接不同运输方式、使物流更加合理地流通加工	在干线运输和支线运输的节点设置流通加工环节,可以有效解决大批量、低成本、长距离的干线运输
为实施配送进行的流通加工	是配送中心为了实现配送活动,满足客户的需要而对物资进行的加工

三、流通加工与生产加工的区别

流通加工与生产加工的区别见表 5-5。

表 5-5　流通加工与生产加工的区别

区　　别	释　　义
加工对象的区别	流通加工的对象是进入流通过程的物品，具有商品的属性。而生产加工的对象不是最终产品，是原材料、零配件、半成品。生产加工处于生产制造环节，而流通加工则处于流通环节
加工程度的区别	流通加工大多是简单加工，而不是复杂加工。一般来讲，如果必须进行复杂加工才能形成人们所需的商品，那么，这种复杂加工应专设生产加工过程，生产过程理应完成大部分加工活动，流通加工则是对生产加工的一种辅助及补充。特别需要指出的是，流通加工绝不是对生产加工的取消或代替
附加价值的区别	从价值观点看，生产加工的目的在于创造价值及使用价值。流通加工则在于完善其使用价值，并在不做大改变的情况下提高价值

以食品的流通加工为例，食品流通加工分为冷冻加工、分选加工、精制加工、分装加工等。

1. 冷冻加工

这是为了解决鲜肉、鲜鱼在流通中保鲜及装卸搬运的问题而采取的低温冻结方式的加工。这种方式也用于某些液体商品、药品等。

2. 分选加工

这是为了提高物流效率而进行的对蔬菜和水果的加工，如去除多余的根叶等。

3. 精制加工

农、牧、副、渔等产品的精制加工是在产地或销售地设置加工点，去除无用部分，也可以进行切分、洗净、分装等加工，甚至可以分类销售。

4. 分装加工

许多生鲜食品零售起点较小，而为了保证高效输送出厂，包装一般比较大，也有一些是采用集装运输方式运达销售地区的。

第6章
物流企业收入的核算

物流企业由于运输方式的多样性，如直达运输、江海河联运、水陆联运等，运输货物的种类较多，运量大小不等，运输距离有长途、短途，还有省内、省外、国内与国外之分；运输收入通常一次性由运地或目的地核收，由此产生了运输各部门、各企业、各地区，以至各个国家之间进行结算与清算的大量工作。

第一节　收入的分类与会计科目设置

运输企业通过提供各种运输服务而获得营运收入。

一、收入确认的条件

根据《关于修订印发〈企业会计准则第 14 号——收入〉的通知》（财会〔2017〕22 号）（以下简称新收入准则）规定，收入确认"五步法"规定如下：

1. 识别与客户订立的合同

合同是指双方或多方之间订立有法律约束力的权利义务的协议。合同包括书面形式、口头形式以及其他形式（如隐含于商业惯例或企业以往的习惯做法等）。企业与客户之间的合同同时满足下列五项条件的，企业应当在履行了合同中的履约义务，即在客户取得相关商品控制权时确认收入：一是合同各方已批准该合同并承诺将履行各自义务；二是该合同明确了合同各方与所转让商品相关的权利和义务；三是该合同有明确的与所转让商品相关的支付条款；四是该合同具有商业实质，即履行该合同将改变企业未来现金流量的风险、时间分布或金额；五是企业因向客户转让商品而有权取得的对价很可能收回。

2. 识别合同中的单项履约义务

在识别合同中的单项履约义务时，如果合同承诺的某项商品不可明确区分，企业应当将该商品与合同中承诺的其他商品进行组合，直到该组合满足可明确区分的条件。某些情况下，合同中承诺的所有商品组合在一起构成单项履约义务。

3. 确定交易价格

交易价格，是指企业因向客户转让商品而预期有权收取的对价金额。企业代第三方收取的款项（例如增值税）以及企业预期将退还给客户的款项，应当作为负债进行会计处理，不计入交易价格。

4. 将交易价格分摊至各单项履约义务

当合同中包含两项或多项履约义务时，需要将交易价格分摊至各单项履约义务，以使企业分摊至各单项履约义务（或可明确区分的商品）的交易价格能够反映其因向客户转让已承诺的相关商品而预期有权收取的对价金额。

5. 履行各单项履约义务时确认收入

企业应当在履行了合同中的履约义务，即在客户取得相关商品控制权时确认收入。

新收入准则增加的会计科目包括：合同资产、合同负债、合同履约成本及相应减值准备、合同取得成本及相应减值准备、应收退货成本等。

二、收入计量的方法

新收入准则规定，对于在某一时段内履行的履约义务，企业应当在该段时间内按照履约进度确认收入，但是，履约进度不能合理确定的除外。企业应当考虑商品的性质，采用产出法、投入法或成本法确定恰当的履约进度在会计期间只能选择其中一种。

1. 产出法

产出法是根据已转移给客户的商品对于客户的价值确定履约进度的方法，通常可采用实际测量的完工进度、评估已实现的结果、已达到的里程碑、时间进度、已完工或交付的产品等产出指标确定履约进度。

2. 投入法

投入法是根据企业履行履约义务的投入确定履约进度的方法，通常可采用投入的材料数量、花费的人工工时或机器工时、发生的成本和时间进度等投入指标确定履约进度。当企业从事的工作或发生的投入是在整个履约期间内平均发生时，企业也可以按照直线法确认收入。

3. 成本法

实务中，通常按照累计实际发生的成本占预计总成本的比例（即成本法）确定履约进度，累计实际发生的成本包括企业向客户转移商品过程中所发生的直接成本和间接成本，如直接人工、直接材料、分包成本以及其他与合同相关的成本。

从事陆运或水运的物流企业可根据自身业务的特点，采用以上任一方法确定履约进度。

三、收入的分类

陆运物流收入主要类型分为：运输收入、装卸收入、堆存收入、代理业务收入、其他收入等。

1. 运输收入

陆路运输收入是企业经营旅客、货物运输业务所取得的各项营业收入，按其收入的来源可划分为以下几种收入。

（1）客运收入。

（2）货运收入。

（3）其他运输业务收入。

货运收入是最主要的主营业务收入。如长短途整车、零担货运收入，以及自动装卸车运输货物收取的装卸费。

2. 装卸收入

装卸收入是指企业经营装卸业务所取得的收入，如按规定费率向货物托运人收取的装卸费（不包括自动装卸车运输货物收取的装卸），联运货物换装、火车和汽车倒装收入及临时出租装卸机械的租金收入。

3. 堆存收入

堆存收入是指企业经营仓库、堆场业务所取得业务收入。"堆存收入"明细账户核算企业经营仓库、堆场业务所取得的收入。

4. 代理业务收入

代理业务收入是指企业办理联运业务、其他运输业务和社会车辆办理代理业务收取的手续费收入。

5. 其他业务收入

其他业务收入是指企业经营除以主营业务外的其他各种业务所取得的收入。其主要包括以下几方面的内容：

（1）客运服务收入。客运服务收入是指车站为方便旅客而经营的不独立核算的小卖部、小件寄存等业务收入，以及退、补票手续费和其他收入。

（2）其他收入。其他收入是指除上述各种业务外所取得的收入。具体包括：①车辆修理业务收入，是指企业辅助生产部门对外单位的车辆、装卸机械等修理业务而取得的收入；②材料销售收入，是指企业对外单位销售燃料、材料及配件等取得的收入；③固定资产出租收入，是指企业出租固定资产所取得的租金收入；④技术转让收入，是指企业向外单位转让技术所取得的收入；⑤其他对外服务收入，是指企业除上列各项收入以外的其他对外服务收入。

第二节　运输收入的核算

运输收入，反映企业经营旅客、货物运输业务所发生的各项收入。收入类会计科目主要有"主营业务收入""其他业务收入"科目，主营业务收入科目下设"运输收入"二级明细科目，并按各环节下设的业务中心或合同等设置明细账。期末应将本科目的余额转入"本年利润"科目，结转后"主营业务收入"科目无余额。

【例 6-1】2023 年 5 月 3 日，恒城物流有限公司与鑫荣百货公司签订长期运输合同，合同金额为 1 000 万元。恒城物流有限公司本月完成运输任务 50 万元，同时开具运输发票，款项尚未收到。增值税专用发票见表 6-1。

4200274423	表 6-1 深圳增值税专用发票 发 票 联							No：35354	
开票日期：2023 年 5 月 3 日									
购货单位	名 称： 鑫荣百货公司 纳税人识别号：23435467643749645H 地 址 、电 话：深圳市南山区南山街道 12 号 开户行及账号：中国银行深圳分行南山支行 748519420						密码区	略	
货物或应税劳务名称	规格型号	单位	数量	单价	金额	税率（%）	税额		
运输服务＊物流运输服务 合计					458 715.60 ￥458 715.60	9	41 284.40 ￥41 284.40		
价税合计（大写）	⊗伍拾万元整						（小写）￥500 000		
销货单位	名 称： 恒城物流有限公司 纳税人识别号：91440300070369645H 地 址 、电 话：深圳市宝安区松岗潭头工业区 177 号 0755-68892348 开户行及账号：工商银行深圳分行 6354537453453					备注	起运地：河南 到达地：深圳 车种车号：运输车 X445WR 1 000 吨棉布		
收款人：××	复核：××		开票人：××			销货单位：			

会计处理如下：

借：应收账款——鑫荣百货公司　　　　　　　　　　500 000

　　贷：主营业务收入——汽运收入　　　　　　　　458 715.60

　　　　应交税费——应交增值税（销项税额）　　　 41 284.40

需要说明的是，根据《国家税务总局关于停止使用货物运输业增值税专用发票有关问题的公告》（国家税务总局公告 2015 年第 99 号），增值税一般纳税人提供货物运输服务，使用增值税专用发票和增值税普通发票，开具发票时应将起运地、到达地、车种车号及运输货物信息等内容填写在发票备注栏中，如内容较多可另附清单。

第三节　装卸收入的核算

装卸收入反映企业经营装卸业务所发生的各项收入。"装卸收入"明细账户核算经营装卸业务的运输企业的装卸收入，包括机械装卸和人工装卸业务等。该明细账户可以按照专业作业区，分机械装卸、人工装卸或货种的装卸收入进行明细核算。

发生装卸收入时，会计分录如下。

借：银行存款（库存现金、应收账款、应收票据等）

　　贷：主营业务收入——装卸收入

　　　　应交税费——应交增值税（销项税额）

期末，将该科目转入"本年利润"科目，结转后该科目无余额。

营运部门期末将"装卸作业单"分客户进行汇总，编制"装卸作业月结单"，将"装卸作业月结单"连同装卸作业单一并转交财会部门，财务部核对无误后，据以确认装卸收入，并编制会计分录。借记"应收账款"等账户，贷记"主营业务收入——装卸收入"账户。

【例 6-2】2023 年 5 月 3 日，恒城物流有限公司为一家园林公司装卸花木，收费清单见表 6-2。

表 6-2　收费清单　　　　　　　　　　　　　　金额单位：元

货品名称	计费单位	装卸数量（车）	金额
郁金香	200 元/车	4	800
杜鹃花	160 元/车	1	160
半枝莲	200 元/车	1	200
矮脚牵牛	200 元/车	1	200
雏菊	200 元/车	1	200
合计		8	1 560

装卸费用已结算，款项存入银行。

借：银行存款　　　　　　　　　　　　　　　　　　1 560

　　贷：主营业务收入　　　　　　　　　　　　　　1 471.70

　　　　应交税费——应交增值税（销项税额）　　　　88.30

第四节　堆存与货运代理业务收入的核算

堆存业务和货运代理业务均属于物流企业主营业务范围，为了正确地记录和核算物流企业堆存业务与货运代理业务活动中所发生的经营收入和成本支出，企业应设置"主营业务收入""主营业务成本""销售费用"等总分类账户，以及有关明细分类账户进行核算。

【例6-3】根据全月营业收入汇总表，恒城物流有限公司本月实现堆存收入80 000元，装卸收入120 000元，增值税额为12 000元。营业款项均已解入银行。

企业应作会计分录如下：

借：银行存款　　　　　　　　　　　　　　　　　　　　2 120 000
　　贷：主营业务收入——堆存收入　　　　　　　　　　　　80 000
　　　　　　　　　　——代理收入　　　　　　　　　　　120 000
　　　　应交税费——应交增值税（销项税额）　　　　　　　12 000

【例6-4】接上例，本月恒城物流有限公司发生场地维护费8 000元，保管人员工资6 400元，另以现金支付其他管理费用2 100元。

企业应作会计分录如下：

借：主营业务成本——堆存成本　　　　　　　　　　　　　14 400
　　管理费用——堆存费　　　　　　　　　　　　　　　　　2 100
　　贷：银行存款　　　　　　　　　　　　　　　　　　　　8 000
　　　　应付职工薪酬　　　　　　　　　　　　　　　　　　6 400
　　　　库存现金　　　　　　　　　　　　　　　　　　　　2 100

【例6-5】在货运代理业务活动中，应负担业务人员工资26 000元，以银行存款支付业务费19 000元。

企业应作会计分录如下：

借：主营业务成本——代理成本　　　　　　　　　　　　　45 000
　　贷：应付职工薪酬　　　　　　　　　　　　　　　　　　26 000
　　　　银行存款　　　　　　　　　　　　　　　　　　　　19 000

【例6-6】恒城物流有限公司预付本季度向华光工厂租入堆存用仓库的租金36 000元。

企业应作会计分录如下：

（1）预付租金时。

借：预付账款　　　　　　　　　　　　　　　　　　　　　36 000
　　贷：银行存款　　　　　　　　　　　　　　　　　　　　36 000

（2）每月末摊销时。

借：主营业务成本——堆存成本　　　　　　　　　　　　　12 000
　　贷：预付账款　　　　　　　　　　　　　　　　　　　　12 000

　　装卸搬运业务可以为物流企业带来收入。装卸搬运的大部分收入来源于托运人支付的装卸搬运费，或者出租装卸机械的租金。

　　装卸搬运业务可以为物流企业带来收入。装卸搬运的大部分收入来源于托运人支付的装卸搬运费，或者出租装卸机械的租金。

　　按照有关规定，物流企业收取相应的装卸搬运收入后，再按照实际收入金额，借记"银行存款""应收账款"及"应收票据"等相关科目，贷记"主营业务收入——装卸收入"科目。

　　装卸搬运收入的核算方法是总价法，由于其他原因导致装卸搬运发生延误所支付的费用，应当列入"管理费用"中，而不能在装卸收入中扣除。

　　到本期期末进行账务处理时，物流企业应当将本科目余额转入"本年利润"科目，同时借记"主营业务收入"科目，贷记"本年利润"科目。

　　物流企业经营装卸搬运业务的，营运部门期末应将"装卸作业单"分客户进行汇总，编制"装卸作业月结单"。该单一式数联，营运部门留存一联，将两联"装卸作业月结单"连同"装卸作业单"一并转交财会部门，财会部门复核无误后，据以确认收入。届时填制发票一式数联，其中发票联连同一联"装卸作业单"一并转交客户，作为其付款的依据，存根联留存备查，记账联据以入账。

　　会计分录应借记"应收账款"科目，贷记"主营业务收入——装卸收入""应交税费——应交增值税（销项税额）"科目。

　　【例6-7】2023年5月22日，恒城物流有限公司为一家商贸公司装卸以下货物，货物作业单见表6-3。

表6-3　货物作业单

名　　称	计费单位（元/车）	装卸数量	金额（元）
文件柜	848	2	1 696
办公桌	636	5	3 180
办公椅	530	4	2 120
合计			6 996

　　货物装卸和搬运属于增值税范围，一般纳税人税率为6%。

借：应收账款——某商贸企业　　　　　　　　　　　　　　6 996
　　　贷：主营业务收入——装卸收入　　　　　　　　　　　　　6 600
　　　　　应交税费——应交增值税（销项税额）　　　　　　　　396

待收到对方付款后，再进行账务处理。会计分录如下：

借：银行存款　　　　　　　　　　　　　　　　　　　　　6 996
　　　贷：应收账款——某商贸企业　　　　　　　　　　　　　　6 996

【例6-8】2023年5月28日，恒城物流有限公司出租装卸机械设备收取
5 724元。

借：银行存款　　　　　　　　　　　　　　　　　　　　　5 724
　　　贷：其他业务收入——租赁收入　　　　　　　　　　　　　5 400
　　　　　应交税费——应交增值税（销项税额）　　　　　　　　324

计提该装卸机械设备当月折旧1 320元。

借：其他业务成本　　　　　　　　　　　　　　　　　　　1 320
　　　贷：累计折旧　　　　　　　　　　　　　　　　　　　　　1 320

第六节　配送业务收入的核算

物流企业月末将配送单按用户汇总，从而确认配送收入。配送活动是一
个可以将用户的货物附加其他价值的业务，但是配送过程复杂，要求会计人
员为配送活动进行明细核算，完成配送活动后，则需要对整个配送活动进行
核算。发票联交用户作为付款依据，存根联备查，记账联用以入账。

在确认各项收入时，会计分录如下：

借：银行存款（应收账款）
　　　贷：主营业务收入——配送收入——堆存收入
　　　　　　　　　　　　——配送收入——分拣及配货收入
　　　　　　　　　　　　——配送收入——配装收入
　　　　　　　　　　　　——配送收入——流通加工收入
　　　　　　　　　　　　——配送收入——集货收入
　　　　　　　　　　　　——配送收入——运输收入
　　　　　应交税费——应交增值税（销项税额）

若未付款，则在收到对方款项后，再进行账务处理。

借：银行存款

　　贷：应收账款

第七节　物流企业包装收入的核算

物流企业为了使商品符合储存运送的管理要求，企业的包装收入是单独核算的，并且在企业的总业务收入中所占比例较大，则应按收入成本配比的原则，根据用户的运费单结算。

若用户要求对货物进行适当的包装处理，此时物流企业会对托运人收取一定的货物包装费用，这就是包装收入的来源；有时为了方便处理，也常常将包装物出售给托运人，这也是包装收入的来源之一。

当获取包装收入时，应借记"银行存款""应收账款""应收票据"等科目，贷记"主营业务收入——包装收入"科目。当结转相应的包装成本时，应借记"主营业务成本——包装成本"科目，贷记"原材料"等科目。

如果企业的包装收入未能单独核算，或者虽然在运输单证中是单独列示的，但在企业的总业务收入中所占比例不大时，按重要性原则，可以将包装收入与运费收入等合并计算。根据用户的运费结算单，按照实际收取的包装费用，借记"应收账款"科目，贷记"主营业务收入""应交税费——应交增值税（销项税额）"等科目。

【例 6-9】2023 年 6 月 21 日，佳捷达物流有限公司承接向阳农贸有限公司一批苹果，需要包装。佳捷达物流有限公司出售给向阳公司一批包装箱，不含税价格 25 000 元，税费 3 250 元；又收到向阳农贸有限公司支付包装费用 52 000 元，税费 3 120 元。佳捷达物流有限公司发生劳务成本 25 440 元，包装箱成本 21 900 元。

（1）确认收入时。

借：应收账款——向阳农贸有限公司　　　　　　　　　　83 370

　　贷：主营业务收入——包装收入　　　　　　　　　　　　52 000

　　　　　　　　　　——包装箱　　　　　　　　　　　　　25 000

　　　　应交税费——应交增值税（销项税额）　　　　　　　6 370

（2）结转成本时。

借：主营业务成本——包装成本　　　　　　　　　　　　47 340

贷：原材料——包装物	21 900
应付职工薪酬	25 440

第八节 仓储业务收入的核算

仓储业务收入核算程序见表6-4。

表6-4 仓储业务收入核算程序

营运部门每日编制"堆存日结单"	业务员填写"堆存月结单"，一式数联。一联交存财务部门，一联交给营运部门，一联交客户，一联留存本部门
财务部审核"堆存月结单"并开具发票	财务部门复核无误后，确认收入。填制发票，一式数联。发票联交给业务员转交存货人。发票记账联入账
期末，营运部根据"堆存日结单"，编制"堆存月结单"	建立客户名册，反映每日货物进仓量、出仓量及堆存量，期末汇总

确认仓储收入时，编制会计分录如下。

借：银行存款（应收账款等）

贷：主营业务收入——仓储收入

应交税费——应交增值税（销项税额）

【例6-10】飞顺物流公司于2023年5月31日收到仓储部门报送的"本月仓储收入明细单"，依据单据对本月的仓储收入进行会计处理（增值税率为6%），见表6-5。

表6-5 本月仓储收入明细单

仓库名称	存货单位	存货数量	收费标准	应收仓储费用（含税）（元）	本月实际收款（元）
冷藏库（计量单位）	鑫隆海鲜公司	300（天·柜）	360.40元/（天·柜）	108 120	108 120
	蒙牛公司	500（天·柜）	360.40元/（天·柜）	180 200	180 200
小计				288 320	288 320

仓库名称	存货单位	存货数量	收费标准	应收仓储费用（含税）（元）	本月实际收款（元）
普通库（计量单位）	天雅超市	90（天·吨）	233.20/（天·吨）	20 988	0
	大恒公司	100（天·吨）	233.20/（天·吨）	23 320	0
小计				44 308	0
危险品库（计量单位）	化学品公司	300（天·吨）	1 367.40/（天·吨）	410 220	412 220
	第三石化公司	400（天·吨）	1 367.40/（天·吨）	546 960	546 960
小计				957 180	957 180
合计				1 289 808	1 245 500

根据上表，编制会计分录如下。

借：银行存款　　　　　　　　　　　　　　　　　　　　　1 245 500

　　应收账款　　　　　　　　　　　　　　　　　　　　　44 308

　　贷：主营业务收入——堆存收入——冷藏库　　　　　　272 000

　　　　　　　　——堆存收入——普通库　　　　　　　　41 800

　　　　　　　　——堆存收入——危险品库　　　　　　　903 000

　　　　应交税费——应交增值税（销项税额）　　　　　　73 008

第九节　水运企业收入的核算

物流企业水运营运收入的会计核算，从事水运的物流企业可根据自身的业务特点，核算企业经营旅客、货物运输业务，港口企业经营装卸、堆存、港务管理等日常经营活动中所产生的收入，设置"主营业务收入"科目，并按航线、航次、货种和船队或单船进行明细分类核算。

一、收入的确认

企业应按照《企业会计制度》《企业会计准则第 14 号——收入准则》（财

会〔2017〕22号）规定，确认主营业务收入，并按所确认实现的营业收入，记入当期损益。

（1）对于海洋运输收入，在同一会计年度内开始并完成的航次，运输收入应当在航次结束时确认；对于开始和完成分别属于不同会计年度的航次即年末未完航次，按照新收入准则采用成本法计量，这种情况与房地产、建筑施工企业相似。

（2）对于属于航运收入的租船业务收入，业务在同一会计年度内开始并完成，应在业务完成时确认；业务的开始和完成分属于不同的会计年度（如跨年度的定期租船业务），企业应按开始和完成分别属于不同会计年度的航次，运输收入相同的确认方法进行确认。

（3）对于内河运输收入与港内短途运输收入，应在运输业务完成时确认。

（4）港口企业向货方收取的装卸费、堆存费、货物港务费及向船方收取的装船费、卸船费、速遣费、货运代理费、停泊费、系解缆费等，出口船舶在整船装船完毕时确认有关港口业务收入的实现；进口船舶，向船方收取的费用在整船卸船完毕时确认有关港口业务收入的实现，向货方收取的费用在收货人提货时确认收入实现。

（5）港口向船方收取的引航费、拖带费、移泊费、理货费，以及其他应船方申请提供服务而收取的费用，应在完成作业经船方签署确认有关港口业务收入的实现。

二、收入类明细科目的设置

航运企业可以根据管理需要，按航线、航次、货种和船队或单船进行明细分类核算。

1. 航运企业收入分类

航运企业会计可在"主营业务收入"账户下，分别按已完成和未完成航次设置明细分类核算。本科目应按经营的业务类别设置如下明细科目：

（1）运输收入，核算企业从事内河或海洋旅客、货物运输业务所取得的收入，包括航次租船与定期租船的船舶出租收入；

（2）装卸收入，核算企业从事港口装卸业务所取得的收入，包括装卸，集装箱拆装，散货灌包、绞包，联运货物换装，装卸杂作业，过驳，港区范围内火车和汽车的搬载收入，以及速遣收入；

（3）堆存收入，核算企业从事仓库、堆场的货物存储业务所取得的收入；

（4）港务管理收入，核算企业从事港口管理业务所取得的收入，包括货物港务费收入、旅客港务费收入、引航收入、系解缆收入、停泊费收入、铁路使用费收入等；

（5）其他收入，核算企业经营的不属于上述业务收入的其他主要业务收入。

2. 航运企业会计明细科目的设置

航运企业按照运输类型（旅客、货物）、船舶经营方式（自营、出租）等设置以下三级明细科目，进行明细核算。

"主营业务收入"账户应按收入种类设置下列二级明细分类账户：

（1）货运收入；

（2）客运收入；

（3）船舶出租收入；

（4）其他运输收入（包括行李、邮件运输、海滩救助等）。

海洋运输企业，还可以设置"以前年度运输收入"明细科目核算年末已完航次未达收入。

企业可以按照货物类别（集装箱、干杂货、散货、液体货）、船舶经营方式（自营、出租）、运输贸易性质（内贸运输、外贸运输）等设置四级明细科目核算运输收入，还可以按照船舶名称、航次设置明细科目进行明细核算。

3. 港口企业装卸业务会计明细科目的设置

港口企业对所经营的装卸业务应按照业务收入性质、内容和管理需要分别设置以下三级明细科目，进行明细核算：

（1）外贸装卸收入，核算对从事国际航运船舶运输的国外进出口货物进行装卸获得的收入；

（2）内贸装卸收入，核算对从事国内航运船舶运输的国内进出口货物进行装卸获得的收入；

（3）速遣收入，核算企业因缩短船舶在港时间向订有速遣协议的船东或货主收取速遣费而获得的收入；

（4）包干费收入，核算企业以定额包干方式向货主、委托人或代理单位一次性收取的货物在港装卸、堆存，以及货物进出港按规定计付的其他常规费用而取得的收入。

装卸收入还可以按照专业作业区或主要货种进行明细分类核算。

4. 港口企业对堆存业务收入会计科目设置

港口企业对堆存业务收入核算，可以设置以下三级明细科目，进行明细核算：

（1）一般堆存费收入，核算对堆存在港口仓库、堆场的货物收取的一般堆存费所获得的收入；

（2）累进堆存费收入，核算对堆存在港口仓库、堆场的货物收取的累进堆存费所获得的收入。

企业也可以按照堆存库场、设施的不同，划分为专用库场堆存收入（油库、冷藏库、危险品库、散装筒仓、煤场、木场、集装箱堆场）与普通库场堆存收入；按照主要货种划分为各主要货种堆存收入。

5. 港口企业对港务管理业务收入会计科目设置

港口企业对所从事的港务管理业务应按照所提供的具体港口服务项目分别设置以下三级明细科目，进行明细核算：

（1）货物港务费收入，核算对由水路进出港口的货物征收货物港务费而获得的收入；

（2）旅客港务费收入，核算对由水路进出港口的旅客征收旅客港务费所获得的收入；

（3）引航收入，核算对进出港口的船舶提供引航服务所取得的收入；

（4）系解缆收入，核算对靠离港口码头、浮筒的船舶提供系解缆服务所取得的收入；

（5）停泊收入，核算对停泊在港口码头、浮筒泊位的船舶收取停泊费所取得的收入；

（6）助泊费收入，核算对提供帮助船舶停泊港口码头、浮筒服务而收取助泊费所取得的收入；

（7）防污费收入，核算对停泊在港口码头、浮筒泊位的船舶收取的污染费收入；

（8）铁路使用费收入，核算对使用港区铁路的单位收取费用所获得的

收入;

(9) 其他收入,核算不属于以上业务的港务管理收入。

三、航运企业账务处理

企业对取得的各项运输、装卸、堆存,以及港务管理等主营业务收入,根据企业与托运人、货主或其代理单位签订的合同、协议,运输单证(包括运单、班轮提单、船票、外贸计费账单、进口货物现提申请单、现金账单、各种杂项作业签证单等),港口码头各项计费单、作业单等单证,按实际收到或应收的金额,借记"银行存款""应收账款""应收票据"等科目,贷记本科目及所属明细科目。

【例 6-11】2023 年 5 月,东阳航运物流公司(增值税一般纳税人)从事货物运输业务,取得货运收入 1 090 万元;装卸收入 318 万元,收到款项 540 万元,剩余收入款按合同规定于三个月内支付。同时发生燃油费 100 万元、人工费用 358 万元。会计处理如下:

借:银行存款		5 400 000
应收账款		8 680 000
贷:主营业务收入——货运收入		10 000 000
——装卸收入		3 000 000
应交税费——应交增值税(销项税额)		1 080 000
借:主营业务成本		4 580 000
贷:原材料——燃油费		1 000 000
应付职工薪酬		3 580 000

其他业务的账务处理如下:

(1) 发生退票、退运及退回多收费用等业务,应根据经本企业有关业务主管部门出具并经签认的退费单证,冲减发生退费当期的业务收入,借记本科目,贷记"银行存款""应收账款"等科目。

(2) 航运企业按协议给予代理单位的运输佣金,不得抵减运输收入,应当作为费用,借记"销售费用"科目。

(3) 港口企业按协议支付给船方的滞期费不应从装卸收入中扣除,应作为装卸业务成本,在"主营业务成本"科目核算。

(4) 航运企业采取包干费方式收取的货物运输收入,应按包干净收入金额确定运输收入。

（5）对于海洋运输业务，期末结算或决算时，船舶营运航次已完成、运费单证尚未寄达，根据有关资料预估收入入账时，借记"应收账款或银行存款（已完航次未达收入）"科目，贷记本科目（运输收入）。待运费单证到达，以红字冲回上述分录，按运费单证借记"应收账款""银行存款"等科目，贷记本科目（运输收入）。如运费单证到达时，年度决算已经完成，应根据运费单证，借记"应收账款""银行存款"等科目，贷记本科目（运输收入——以前年度运输收入）；同时按上年预估入账数以红字借记"已完航次未达收入"科目，贷记本科目（运输收入）。

（6）港口企业采取包干费方式一次收取的货物包干费收入，能够分清包干收费中各项不同业务计费的，应分别装卸业务、堆存业务、港务管理业务和其他业务确定不同业务的金额，贷记本科目及所属明细科目、"其他业务收入"；不能分清包干收费中各项不同业务金额的，按包干收费全部金额，贷记本科目（包干费收入）。

（7）货物堆存业务在免费堆存期内，不予确认堆存收入。堆存费应与货主和代理单位按计费单位每天加以计算，定期结算（每月至少一次），开出堆存费收款单据，确认堆存收入，借记"应收账款""应收票据""银行存款"等科目，贷记本科目。

期末，除海洋运输企业以及需要确认跨年度的年末未完劳务收入的企业外，应将本科目的余额转入"本年利润"科目，结转后本科目应无余额。

海洋运输企业如果年末未完航次对本年损益影响不大，期末应将当期全部已完航次的收入和以前年度运输收入转入"本年利润"科目，本科目贷方余额反映为未完航次的已收款项，作为"未完航次收入"在资产负债表上并同"预收账款"项目反映。

海洋运输企业如果年末未完航次对本年损益影响较大，在航次的结果能够可靠估计的情况下，按已发生的航次成本与估计的航次总成本的比例确定属于本年的运输收入，将其结转"本年利润"科目。即本年年末应确认的未完航次收入为：

$$未完航次收入＝本年年末应确认的航次总收入 \times \frac{该航次已发生的成本}{估计的本航次总成本}$$

在航次的结果不能可靠估计的情况下，年末未完航次收入应按航次已发生的成本进行确认，将其结转"本年利润"科目。

需要确认年末未完航次收入的海洋运输企业与其他需要确认年末未完劳务收入的企业，年末本科目若为贷方余额，在资产负债表上并同"预收账款"项目反映；若为借方余额，在资产负债表上并同"应收账款"项目反映。

第十节　其他业务收入的核算

其他业务收入，反映企业除营运业务以外的其他业务收入。如客运服务、包装物出租、固定资产出租、技术拓让、车辆修理、材料销售等其他收入。该账户可按照代理业务种类进行明细核算。期末，应将"其他业务收入"科目的余额转入"本年利润"科目，结转后科目应无余额。

（1）企业出租场、房屋等不动产时。

借：银行存款（库存现金、应收账款、应收票据等）

　　贷：其他业务收入

　　　　应交税费——应交增值税（销项税额）

（2）出租房屋计提折旧时。

借：其他业务成本

　　贷：累计折旧

（3）销售材料取得收入并结转成本。

借：银行存款

　　贷：其他业务收入

　　　　应交税费——应交增值税（销项税额）

（4）同时，结转材料成本。

借：其他业务成本

　　贷：原材料

另外，根据物流企业货运业务特点，按照业务实际需要，在"其他应收款"账户下设置"进款往来"明细分类账户进行核算。"其他应收款——进款往来"明细账户核算物流企业与所属各进款部门（如营业站）各项营业收入的解缴和结算情况。企业收到进款部门汇解的营业收入时，借记有关账户，贷记本账户。月终根据"营运收入月报汇总表"结转各项营业收入，借记本账户，贷记各收入类账户。月末余额反映企业应收未收的各项营业进款。本账户应按进款部门分别设置明细账户进行明细核算。

【例 6-12】恒城物流有限公司原租给甲工厂的一批包装物，到期不能收回。该批包装物押金 15 000 元，应收而未收的不含税租金 4 000 元、增值税额 240 元。

逾期未退还的包装押金为 10 760 元（15 000−4 000−240），按规定应缴纳增值税 888.44 元（10 760÷1.09×9%）。

没收押金，抵扣应收而未收的租金，账务处理如下。

借：其他应付款——存入保证金——甲工厂　　　　　　　　15 000

　　贷：其他业务收入——甲工厂　　　　　　　　　　　　　4 000

　　　　营业外收入（10 760÷1.09）　　　　　　　　　　9 871.56

　　　　应交税费——应交增值税（销项税额）（888.44＋240）

　　　　　　　　　　　　　　　　　　　　　　　　　　　1 128.44

第 7 章
税法与税务管理

物流企业涉及的税种主要包括增值税及附加费、企业所得税、个人所得税、印花税、契税、车辆购置税、船舶吨税等。本章着重介绍这些税种的基本知识与计算方法，以及相关的税收优惠。

第一节　增值税管理

物流企业陆路运输服务、水路运输服务、航空运输服务、管道运输服务、物流辅助服务、租赁服务等都属于增值税征收项目。

一、增值税的纳税人

增值税的特点如下。

（1）不重复征税，具有中性税收的特征。

（2）逐环节征税，逐环节扣税，最终消费者是全部税款的承担者。

（3）税基广阔，具有征收的普遍性和连续性，在组织财政收入上具有稳定性和及时性。

（4）能够平衡税负，促进公平竞争。

（5）在税收征管上，上下游企业可以互相制约，交叉审计，避免发生偷税。

增值税构成要素包括征税人、纳税义务人、征税对象、税目、税率、计税依据、纳税环节、纳税地点、纳税期限、减免税等。增值税纳税人分为一般纳税人和小规模纳税人。我国现行增值税对纳税人实行分类管理的模式，以发生应税行为的年销售额为标准，将纳税人分为一般纳税人和小规模纳税人，二者在计税方法、适用税率（征收率）、凭证管理等方面都不相同。根据《增值税一般纳税人资格登记管理办法》（国家税务总局令第 43 号）和《国家税务总局关于增值税一般纳税人登记管理若干事项的公告》（国家税务总局 2018 年第 6 号公告）规定，应税行为的年应征增值税销售额（以下称年应税销售额）超过财政部和国家税务总局规定标准的纳税人为一般纳税人，未超过规定标准的纳税人为小规模纳税人。

年应税销售额超过规定标准的其他个人不属于一般纳税人。年应税销售额超过规定标准但不经常发生应税行为的单位和个体工商户可选择按照小规模纳税人纳税。

二、增值税税率及征收率

根据《财政部 税务总局 海关总署关于深化增值税改革有关政策的公告》（财政部 税务总局 海关总署公告 2019 年第 39 号）：

> 一、增值税一般纳税人（以下称纳税人）发生增值税应税销售行为或者进口货物，原适用 16% 税率的，税率调整为 13%；原适用 10% 税率的，税率调整为 9%。
>
> 二、纳税人购进农产品，原适用 10% 扣除率的，扣除率调整为 9%。纳税人购进用于生产或者委托加工 13% 税率货物的农产品，按照 10% 的扣除率计算进项税额。
>
> 三、原适用 16% 税率且出口退税率为 16% 的出口货物劳务，出口退税率调整为 13%；原适用 10% 税率且出口退税率为 10% 的出口货物、跨境应税行为，出口退税率调整为 9%。
>
> 四、适用 13% 税率的境外旅客购物离境退税物品，退税率为 11%；适用 9% 税率的境外旅客购物离境退税物品，退税率为 8%。

物流企业涉及增值税税目、税率与征收率详细内容见表7-1。

表 7-1　物流企业增值税税率及征收率

项　目	税　目	征收品目	税　率	征收率
交通运输服务	陆路运输服务	铁路运输服务	9%	3%
		其他陆路运输服务	9%	3%
	水路运输服务	水路运输服务	9%	3%
	航空运输服务	航空运输服务	9%	3%
	管道运输服务	管道运输服务	9%	3%
	物流辅助服务	航空服务	6%	3%
		港口码头服务	6%	3%
		货运客运场站服务	6%	3%
		打捞救助服务	6%	3%
		装卸搬运服务	6%	3%
		仓储服务	6%	3%
	租赁服务	收派服务	6%	3%
		不动产融资租赁（1）	9%	5%（简易）
		不动产融资租赁（2）	9%	5%（一般老项目）
		不动产经营租赁（1）	9%	5%（一般老项目）
		不动产经营租赁（2）	9%	5%（简易）
		有形动产融资租赁（水路运输的光租业务和航空运输的干租业务）	13%	3%
		有形动产经营租赁	13%	3%

三、增值税发票种类

增值税发票分为专用发票和普通发票，发票开具、抵扣有具体规定。所有单位和从事生产、经营活动的个人在购买商品、接受服务以及从事其他经营活动支付款项，应当向收款方取得发票。取得发票时，不得要求变更品名和金额。

1. 增值税发票

目前增值税发票主要包括以下票种：

（1）增值税专用发票（含增值税电子专用发票）。

增值税专用发票是增值税一般纳税人销售货物或者提供应税劳务开具的发票，是购买方支付增值税额并可按照增值税有关规定据以抵扣增值税进项税额的凭证。专用发票的基本联次为三联：发票联、抵扣联和记账联。发票联，作为购买方核算采购成本和增值税进项税额的记账凭证；抵扣联，作为购买方报送主管税务机关认证和留存备查的凭证；记账联，作为销售方核算销售收入和增值税销项税额的记账凭证。

根据《国家税务总局关于在新办纳税人中实行增值税专用发票电子化有关事项的公告》（国家税务总局公告 2020 年第 22 号），纳税人以电子发票（含电子专票和电子普票）报销入账归档的，按照财政部、国家档案局《关于规范电子会计凭证报销入账归档的通知》（财会〔2020〕6 号）的规定执行。需要注意的是，增值税专用发票不仅是购销双方收付款的凭证，而且还可以用作购买方（增值税一般纳税人）扣除增值税的凭证，因此不仅具有商事凭证的作用，而且具备完税凭证的作用。

（2）增值税普通发票（含电子普通发票、卷式发票、通行费发票）：增值税纳税人销售货物或者提供应税劳务、服务时，通过增值税税控系统开具的普通发票。增值税普通发票除税法规定的经营项目外都不能抵扣进项税。

①增值税普通发票分为二联票和五联票，第一联：记账联，销货方记账凭证；第二联：发票联，购货方记账凭证；第三联至第五联由发票使用单位自行安排使用。

②增值税普通发票（卷票）为定额发票。发票宽度有 76 mm、57 mm 两种，长度固定为 177.8 mm。

需要注意的是，根据《关于增值税发票管理等有关事项的公告》（国家税务总局公告 2019 年第 33 号）规定，自 2020 年 2 月 1 日起，所有小规模纳税人可自开专票。

（1）所有小规模纳税人（其他个人除外）均可以选择使用增值税发票管理系统自行开具增值税专用发票。

（2）自愿选择自行开具增值税专用发票的小规模纳税人，税务机关不再为其代开。

（3）自愿选择自行开具增值税专用发票的小规模纳税人销售其取得的不动产，需要开具增值税专用发票的，税务机关不再为其代开。

2.收费公路通行费电子发票

《交通运输部 财政部 国家税务总局 国家档案局关于收费公路通行费电子票据开具汇总等有关事项的公告》（交通运输部公告 2020 年第 24 号）第二条规定：

二、通行费电子票据分类

（一）收费公路通行费增值税电子普通发票（以下简称通行费电子发票）。通行费电子发票包括左上角标识"通行费"字样且税率栏次显示适用税率或征收率的通行费电子发票（以下简称征税发票）及左上角无"通行费"字样，且税率栏次显示"不征税"的通行费电子发票（以下简称不征税发票）。客户通行经营性收费公路，由经营管理者开具征税发票，可按规定用于增值税进项抵扣；客户采取充值方式预存通行费，可由 ETC 客户服务机构开具不征税发票，不可用于增值税进项抵扣。

（二）收费公路通行费财政票据（电子）（以下简称通行费财政电子票据）。客户通行政府还贷公路，由经营管理者开具财政部门统一监制的通行费财政电子票据。通行费财政电子票据先行选择部分地区进行试点。试点期间，非试点地区暂时开具不征税发票。试点完成后，在全国范围内全面实行通行费财政电子票据。

3.机动车发票

根据《国家税务总局 工业和信息化部 公安部关于发布〈机动车发票使用办法〉的公告》（国家税务总局 工业和信息化部 公安部公告 2020 年第 23 号）的规定：开具机动车发票版式有变化，一是将原"购买方名称及身份证号码（组织机构代码）"栏调整为"购买方名称"栏，该栏应根据消费者的身份打印消费者的单位名称或个人姓名；二是将原"纳税人识别号"栏调整为"纳税人识别号（统一社会信用代码、身份证明号码）"栏，如消费者需要抵扣增值税，则该栏必须填写消费者的社会统一信用代码或纳税人识别号，若消费者为个人则可填写个人身份证明号码。除以上规定外，其他要求如下。

（1）销售机动车必须通过增值税发票管理系统开票软件中机动车发票开具模块开具机动车发票，通过此模块开具的增值税专用发票，左上角自动打印"机动车"字样。

（2）生产企业需要关联发票信息与车辆合格证电子信息。国内机动车生产企业销售本企业生产的机动车，应通过增值税发票管理系统和机动车合格证管理系统，依据车辆识别代号（车架号）将机动车发票开具信息与国产机动车合格证电子信息进行关联匹配；销售方销售本企业进口的机动车，直接调用车辆电子信息开具机动车发票，实现进口机动车销售价格等信息与车辆电子信息关联。

（3）购进机动车对外销售须有购进记录。销售方购进机动车直接对外销售开票时，应当获取购进机动车的车辆识别代号（车架号）等信息后，方可开具对应的机动车发票。若获取不到已购进机动车的车辆电子信息，将无法正常开具发票。机动车进口企业销售本企业进口的机动车，直接调取本企业上传的车辆电子信息开具机动车发票。

4. 二手车销售统一发票

二手车经销企业、经纪机构和拍卖企业，在销售、中介和拍卖二手车收取款项时，通过开票软件开具的发票。二手车发票为一式五联计算机票。计算机票第一联为发票联，印色为棕色；第二联为转移登记联（公安车辆管理部门留存），印色为蓝色；第三联为出入库联，印色为紫色；第四联为记账联，印色为红色；第五联为存根联，印色为黑色。二手车发票由二手车交易市场、经销企业和拍卖企业开具的，存根联、记账联、入库联由开票方留存；发票联、转移登记联由购车方记账和交公安交管部门办理过户手续。

5. 全电发票

根据国家税务总局海南省税务局的解释，全面数字化的电子发票（以下称全电发票）是与纸质发票具有同等法律效力的全新发票，不以纸质形式存在、不用介质支撑、无须申请领用、发票验旧及申请增版增量。纸质发票的票面信息全面数字化，将多个票种集成归并为电子发票单一票种，全电发票实行全国统一赋码、自动流转交付。

根据国家税务总局统一部署，海南省全电发票受票扩围试点在 2022 年 8 月 28 日起上线，上海市税务局也发布《国家税务总局上海市税务局关于全面数字化的电子发票开票试点全面扩围工作安排的通告》（国家税务总局上海市税务局通告 2023 年第 1 号），规定如下：

为落实中办、国办印发的《关于进一步深化税收征管改革的意见》要求，继续加大全面数字化的电子发票（以下简称"数字化电子发票"）推广使用力度，根据《国家税务总局上海市税务局关于进一步开展全面数字化的电子发票试点工作的公告》（国家税务总局上海市税务局公告2022年第1号）及《国家税务总局上海市税务局关于扩大全面数字化的电子发票受票方范围的公告》（国家税务总局上海市税务局公告2022年第2号），在前期试点工作的基础上，现将上海市数字化电子发票试点全面扩围工作安排通告如下：

一、自本通告发布之日起，上海市新设立登记的纳税人纳入数字化电子发票开票试点范围。

二、本市纳税人自纳入数字化电子发票开票试点之日起，不再领用增值税电子专用发票及增值税电子普通发票。

三、纳税人确有特殊情形，无法纳入数字化电子发票试点，按现行发票管理规定向主管税务机关申请使用其他发票。

综上所述，全电发票的试点范围进一步扩大，全电发票不需要票种核定、不需要领用、不需要使用税控设备，相应的开具、查验、交付、报销、用途确认等也变得简单，以数治税正成为现实。

四、发票开票要求

不同行业的发票开具的具体要求如下。

1. 开具货物运输服务发票

增值税一般纳税人提供货物运输服务，使用增值税专用发票和增值税普通发票，开具发票时应将起运地、到达地、车种车号及运输货物信息等内容填写在发票备注栏中，如内容较多可另附清单。

2. 通行费电子票据开具规定

（1）ETC后付费客户索取通行费电子票据的，通过经营性公路的部分，在服务平台取得由经营管理者开具的征税发票；通过政府还贷公路的部分，在服务平台取得由经营管理者开具的通行费财政电子票据。

（2）ETC预付费客户可以自行选择在充值后索取不征税发票或待实际发生通行交易后索取通行费电子票据。

客户在充值后索取不征税发票的，在服务平台取得由ETC客户服务机构全额开具的不征税发票；实际发生通行交易后，ETC客户服务机构和收费公路经营管理者均不再向其开具通行费电子票据。

（3）客户使用 ETC 卡通行收费公路并交纳通行费的，可以在实际发生通行交易后第 7 个自然日起，登录服务平台，选择相应通行记录取得通行费电子票据和电子汇总单；ETC 预付费客户可以在充值后实时登录服务平台，选择相应充值记录取得不征税发票。

（4）服务平台应当将通行费电子票据、电子汇总单及对应的通行明细记录归档备查。

需要注意的是，通行费电子票据作为电子会计凭证具有与纸质会计凭证同等法律效力，单位可以仅使用通行费电子票据进行报销入账归档，不再打印纸质件。具体报销入账和归档管理按照《财政部 国家档案局关于规范电子会计凭证报销入账归档的通知》（财会〔2020〕6 号）执行。

4. 开具机动车增值税专用发票

根据《国家税务总局 工业和信息化部 公安部关于发布〈机动车发票使用办法〉的公告》（国家税务总局 工业和信息化部 公安部公告 2020 年第 23 号）第八条规定，售机动车开具增值税专用发票时，应遵循以下规则。

（一）正确选择机动车的商品和服务税收分类编码。

（二）增值税专用发票"规格型号"栏应填写机动车车辆识别代号/车架号，"单位"栏应选择"辆"，"单价"栏应填写对应机动车的不含增值税价格。汇总开具增值税专用发票，应通过机动车发票开具模块开具《销售货物或应税劳务、服务清单》，其中的规格型号、单位、单价等也应按照上述增值税专用发票的填写要求填开。国内机动车生产企业若不能按上述规定填写"规格型号"栏的，应当在增值税专用发票（包括《销售货物或应税劳务、服务清单》）上，将相同车辆配置序列号、相同单价的机动车，按照同一行次汇总填列的规则开具发票。

（三）销售方销售机动车开具增值税专用发票后，发生销货退回、开票有误、销售折让等情形，应当凭增值税发票管理系统校验通过的《开具红字增值税专用发票信息表》开具红字增值税专用发票。发生销货退回、开票有误的，在"规格型号"栏填写机动车车辆识别代号/车架号；发生销售折让的，"规格型号"栏不填写机动车车辆识别代号/车架号。

5. 开具二手车发票

二手车发票由以下用票人开具：

（1）从事二手车交易的市场，包括二手车经纪机构和消费者个人之间二手车交易需要开具发票的，由二手车交易市场统一开具；

（2）从事二手车交易活动的经销企业，包括从事二手车交易的汽车生产和销售企业；

（3）从事二手车拍卖活动的拍卖公司。

直接销售二手车的单位和个人，开具增值税发票和缴纳增值税管理规定如下。

（1）已办理税务登记的单位和个体工商户直接销售二手车，应自行开具或向主管税务机关申请代开增值税发票，凭增值税发票到二手车交易市场换开"二手车销售统一发票"，并自行申报缴纳增值税。

（2）未办理税务登记的单位和个体工商户直接销售二手车，应向机构所在地（居住地）或者二手车市场所在地主管税务机关申请代开增值税发票并申报缴纳增值税，凭增值税发票到二手车交易市场换开"二手车销售统一发票"。

（3）自然人直接销售自己使用过的二手车免征增值税，应到二手车交易市场申请开具"二手车销售统一发票"。

（4）二手车经销企业销售、拍卖企业拍卖二手车时，应向购买方开具"二手车销售统一发票"。二手车经销企业从事二手车代购代销的经纪业务，应由二手车交易市场统一开具"二手车销售统一发票"。

（5）2023年1月1日起，对自然人在一个自然年度内出售持有时间少于1年的二手车达到3辆及以上的，税务部门通过信息交换平台获取交管部门限制名单，限制名单内的自然人申请开具二手车销售统一发票时，系统会自动监控无法开具发票。

6. 其他发票开具要求

增值税纳税人购买货物、劳务、服务、无形资产或不动产，索取增值税专用发票时，须向销售方提供购买方名称（不得为自然人）、统一社会信用代码、地址电话、开户行及账号信息，还需要提供营业执照等相关证件或其他证明材料。销售方可去相应税务局官方网站查询采购方是否为一般纳税人。销售方开具增值税普通发票的，如购买方为企业、非企业性单位（有纳税人识别号）和个体工商户，购买方栏的"名称""纳税人识别号"为必填项，其他项目根据实际业务情况需要填写。

购买方为非企业性单位（无纳税人识别号）和消费者个人的，"名称"为必填项，其他项目可根据实际业务情况填写。如果消费者能将上述信息准确提供给商家，就可以开具增值税普通发票，不需要向销售方提供纳税人识别号、地址电话、开户行及账号信息，也不需要提供相关证件或其他证明材料。

若实际付款人（现金、刷卡、第三方支付平台等）属于其他个人，但要求开具专用发票的"购买方"为单位的，实务中一般不认为违背"三流一致"的原则。为了防止税务风险，涉及大宗采购时，可在"备注栏"注明实际付款人的名称和有效证件号码。不符合上列要求的增值税专用发票，购买方有权拒收。

一般纳税人销售货物、提供加工修理修配劳务和发生应税行为可汇总开具增值税专用发票。汇总开具增值税专用发票的，同时使用增值税发票开票软件开具"销售货物或者提供应税劳务清单"，并加盖发票专用章。

不符合规定的发票，不得作为税收凭证用于办理涉税业务，如计税、退税、抵免等。

五、发票定额核定

企业发票定额由税务机关核定，专用发票的最高开票限额不超过 10 万元，每月最高领用数量不超过 25 份；普通发票最高开票限额也不超过 10 万元，每月最高领用数量不超过 50 份。

当月开票量超过开票数量限制时，可以临时增量，或提高发票开票票面金额。税务规定了每个企业每月的发票购买数量，当月发票用完了，没有超量当月能再购买发票填开，如果超限量了可以申请增加。

需要注意的是，主管税务机关核定的最高开票限额，同时适用于增值税纸质专用发票、电子专用发票，发票票种核定的领用数量是指纸质专用发票和电子专用发票的合计，新办纳税人根据购货方的需要选择开具纸质专用发票或电子专用发票。

根据《关于修订〈增值税专用发票使用规定〉的通知》（国税发〔2006〕156号）规定，企业根据本身的实际经营情况，确定专用发票的最高限额。

正常情况下，每个月的发票用量核准后，一般分两次领用。发票用量与每次的可领用量是两个不同的概念，当月内发票用完了，第二次购买发票未超过限量就不算增量。例如：某纳税人核定的月发票用量是 50 份，而每次的领用量是 25 份，这种情况下，当月第一次领用 25 份发票用完，第二次再领用 25 份，不算是增量；公司临时签了大额合同，开票金额较大的，税务也会建议临时发放高面额税票。大额发票是指超过 5 000 元的普通发票（含增值税普通发票）不包括增值税专用发票（可抵扣的）。超出数量限制是开不出发票来的，除非到税务局去提交情况说明，证明单位收入增长，需要增加购票量。

税务局在审批第一次发票的额度时有个最高开票限额和月最高开票额。申请发票单见表 7-2。

表 7-2　发票申请单

纳税人识别号	（税务登记号或统一社会信用代码）						
纳税人名称	（按税务登记证或营业执照的名称填写）						
领票人	联系电话		身份证件类型			身份证件号码	
发票种类名称	发票票种核定操作类型	单位（数量）	每月最高领票数量	每次最高领票数量	持票最高数量	定额发票累计领票金额	领票方式
增值税普通发票	新增	千元	25	25	25		验旧购新
增值税专用发票	新增	万元	50	50	50		验旧购新

纳税人（签章）

经办人：　　法定代表人（业主、负责人）：　　填表日期：　　年　月　日

发票专用章印模：

六、发票监制章具体类型

发票监制章具体类型见表 7-3。

表 7-3　最新发票监制章一览表

序号	发票类型	监制章情况	具体形式
1	增值税专用发票	没有变化	发票监制章椭圆形，上环刻制"全国统一发票监制章"字样，中间刻制"省、自治区、直辖市、计划单列市"名称，下环刻制"国家税务总局监制"
2	增值税普通发票（包括平推票、卷票）	没有变化	
3	增值税电子普通发票	启用新版	新发票监制章形状为椭圆形，与原发票监制章规格相同，内环加刻一细线。上环刻制"全国统一发票监制章"字样，中间刻制"国家税务总局"字样，下环刻制"××税务局"字样，如"北京市税务局"等
4	机动车销售统一发票	启用新版	
5	二手车销售统一发票	启用新版	
6	通用机打发票	启用新版	
7	通用定额发票	启用新版	
8	手工发票	启用新版	
9	通行费（包括出租车、客票等）	启用新版	
10	航空运输电子客票行程单	没有变化	发票监制章椭圆形，上环刻制"全国统一发票监制章"字样，下环刻制"国家税务总局监制"。中间无"省、自治区、直辖市、计划单列市"

七、增值税发票备注栏填写

税务机关对增值税发票备注栏有明确的规定，具体内容见表 7-4。

表 7-4　增值税发票备注栏填写

业务情形	备注栏	政策依据
税务局代开专业发票	填写"增值税纳税人的名称和纳税人识别号"	《国家税务总局关于全面推行增值税发票系统升级版有关问题的公告》（国家税务总局公告 2015 年第 19 号）

业务情形	备注栏	政策依据
差额征税，且不得全额开具发票	自动打印"差额征税"字样	《国家税务总局关于全面推开营业税改征增值税试点有关税收征收管理事项的公告》（国家税务总局公告2016年第23号）
销售和出租不动产	填写"不动产的详细地址"	
代开销售或出租不动产发票	填写"不动产的详细地址"	
出口业务（国内生产企业向代办退免税的综合服务企业开具发票）	填写"代办退税专用字样"	《国家税务总局关于调整完善外贸综合服务企业办理出口货物退（免）税有关事项的公告》（国家税务总局公告2017年第35号）
单用途卡，销售方向售卡单位开具增值税普通发票	填写"收到预付卡结算款"	《国家税务总局关于营改增试点若干问题的公告》（国家税务总局公告2016年第53号）
多用途卡，特约商户向支付机构开具增值税普通发票	填写"收到预付卡结算款"	
货物运输服务	填写"起运地、到达地、车种、车号及运输货物信息等"（内容较多可另附清单）	《国家税务总局关于停止使用货物运输业增值税专用发票有关问题的公告》（国家税务总局公告2015年第99号）
按3%的征收率代开专票	填写"纳税人名称、纳税人识别号、起运地、到达地、车种车号及运输货物信息"	《国家税务总局关于开展网络平台道路货物运输企业代开增值税专用发票试点工作的通知》（税总函2019年405号）
保险机构代收车船税开具发票	填写"车船税税款信息：保险单号、税款所属期（详细至月）、代收车船税金额、滞纳金金额、金额合计等"	《国家税务总局关于保险机构代收车船税开具增值税发票问题的公告》（国家税务总局公告2016年第51号）

增值税发票备注栏填写若不符合规定，则被税务机关认定为不合规发票，不能作为抵扣凭证。

八、增值税抵扣政策

增值税进项税额抵扣有认证抵扣和计算抵扣两种方式,而增值税的抵扣是针对一般纳税人而言,小规模纳税人是用不到进项税额抵扣凭证的。

增值税抵扣凭证种类见表 7-5。

表 7-5　增值税抵扣凭证种类一览表

	抵扣凭证种类	出具方	抵扣金额	备注
1	增值税专用发票	销售方或通过税务机关代开	注明的增值税税额	—
2	增值税电子普通发票	销售方或通过税务机关代开	注明的增值税税额	适用于纳税人取得的客运服务、道路通行费增值税电子发票的抵扣
3	机动车销售统一发票	销售方	注明的增值税税额	—
4	海关进口增值税缴款书	海关	注明的增值税税额	进口环节的增值税是由海关代征的
5	税收缴款凭证	税务机关	注明的增值税税额	预缴税款、代扣代缴税收缴款、接受境外单位或者个人提供的应税服务时适用
6	道路、桥、闸通行费	高速公路及一级、二级公路依法收取通行费的相关单位	增值税电子普通发票上注明的增值税额	(1)只有桥、闸的通行费抵扣属于计算抵扣。(2)根据《关于收费公路通行费电子票据开具汇总等有关事项的公告》(交通运输部 财政部 国家税务总局、国家档案局公告 2020 年第 24 号)规定,客户通行经营性收费公路,由经营管理者开具征税发票,可按规定用于增值税进项抵扣;客户采取充值方式预存通行费,可由 ETC 客户服务机构开具不征税发票,不可用于增值税进项抵扣
		桥、闸等依法收取通行费的相关单位	桥、闸通行费发票上注明的金额÷(1+5%)×5%	
7	土地出让金省级以上(含)财政部门监(印)制的财政票据	政府相关部门	票据上注明的金额÷(1+9%)×9%	财政票据不是严格意义上的抵扣凭证,是房地产行业销售额的扣除项目

抵扣凭证种类		出具方	抵扣金额	备注
8	注明旅客身份信息的航空运输电子客票行程单、火车票、汽车票等	客运服务提供方	（1）航空旅客运输进项税额＝（票价＋燃油附加费）÷（1＋9％）×9％ （2）铁路旅客运输进项税额＝票面金额÷（1＋9％）×9％ （3）公路、水路等其他旅客运输进项税额＝票面金额÷（1＋3％）×3％	（1）对于取得未注明旅客身份信息的出租票、公交车票等，不得计算抵扣。 （2）纳税人取得客运服务增值税电子普通发票的，为发票上注明的税额

九、增值税专用发票的认证

增值税专用发票认证的方式有远程认证、上门认证、勾选认证。

1. 远程认证

远程认证是由纳税人自行扫描、识别专用发票抵扣联票面信息，生成电子数据，通过网络传输至税务机关，由税务机关完成解密和认证，并将认证结果信息返回纳税人的认证方式。

2. 上门认证

上门认证是指纳税人携带增值税专用发票抵扣联等资料，到税务机关申报征收窗口或者自助办税机（ARM 机）进行认证的方式。

3. 勾选认证

勾选认证是最新的一种认证方式，是指符合条件的纳税人通过特定的网址，查询升级版增值税开票系统开具给自己的增值税发票信息，然后通过勾选和确认的形式完成发票认证。

增值税抵扣期限的规定已取消。根据《国家税务总局关于取消增值税扣税凭证认证确认期限等增值税征管问题的公告》（国家税务总局公告 2019 年第 45 号）规定，增值税一般纳税人取得的 2017 年 1 月 1 日及以后开具的增值税专用发票、海关进口增值税专用缴款书、机动车销售统一发票、收费公路通行费增值税电子普通发票，不再需要在 360 日内认证确认等，已经超期的，也可以自 2020 年 3 月 1 日后，通过本省（自治区、直辖市和计划单列市）增值税发票综合服务平台进行用途确认。

十、增值税销售额确定的一般方法

增值税销售额，是指纳税人发生应税行为取得的全部价款和价外费用，财政部和国家税务总局另有规定的除外，销售额包括收取的全部价款和价外费用。

1. 换算公式

销售额是不含税销售额，销售额中不含增值税额本身。不含税销售额按照以下公式换算：

$$销售额 = 含税销售额 \div （1 + 税率或者征收率）$$

2. 价外费用

价外费用，是指价外收取的各种性质的收费，但不包括以下项目。

（1）代为收取并符合规定的政府性基金或者行政事业性收费。

（2）以委托方名义开具发票代委托方收取的款项。

3. 外币销售额的折算

企业按照人民币以外的货币结算销售额的，应当折合成人民币计算，折合率可以选择销售额发生的当天或者当月 1 日的人民币汇率中间价。

在事先确定采用何种折合率，确定后 12 个月内不得变更。

4. 折扣销售的处理

折扣销售，是指销售方在销售货物或应税劳务、发生应税行为时，因购买方购买数量较大等原因而给予购买方的价格优惠。

根据《国家税务总局关于折扣额抵减增值税应税销售额问题通知》（国税函〔2010〕56 号）文件规定：

纳税人采取折扣方式销售货物，销售额和折扣额在同一张发票上分别注明是指销售额和折扣额在同一张发票上的"金额"栏分别注明的，可按折扣后的销售额征收增值税。

未在同一张发票"金额"栏注明折扣额，而仅在发票的"备注"栏注明折扣额的，折扣额不得从销售额中减除。

采取折扣方式销售服务、无形资产或者不动产的，处理原则与销售货物基本一致。

5. 发生销售折让、中止或者退回的销售处理

纳税人发生应税行为因销售折让、中止或者退回的，应扣减当期的销项税额（一般计税方法）或销售额（简易计税方法）。

十一、增值税一般计税方法

增值税的计税方法，包括一般计税方法和简易计税方法。

1. 一般计税方法

一般计税方法是按照销项税额减去进项税额的差额计算应纳税额，适用于增值税一般纳税人。一般纳税人原则上适用一般计税方法，但是在一些特殊情形下可以使用简易计税方法：比如出售不动产、公共交通运输服务等。一般纳税人发生财政部和国家税务总局规定的特定应税销售行为，一经选择适用简易计税方法计税，36个月内不得变更。

2. 简易计税方法

简易计税方法，又称简易征收。简易计税是因特殊行业，无法取得或抵扣增值税专用发票进项税额，所以采取简易计税的方法来征收增值税。小规模纳税人适用简易计税方法计税。

小规模纳税人采用简易征税方法，征收率一般为3％。小规模纳税人转让其取得的不动产，按照5％的征收率征收增值税。简易计税方法是按照销售额与征收率的乘积计算应纳税额，一般适用于小规模纳税人。根据《财政部 国家税务总局关于全面推开营业税改征增值税试点的通知》（财税〔2016〕36号）附件1：《营业税改征增值税试点实施办法》第三十四条规定：简易计税方法的应纳税额，是指按照销售额和增值税征收率计算的增值税额，不得抵扣进项税额。

应纳税额计算公式：

$$应纳税额＝销售额×征收率$$

第三十五条规定，简易计税方法的销售额不包括其应纳税额，纳税人采用销售额和应纳税额合并定价方法的，按照下列公式计算销售额：

$$销售额＝含税销售额÷（1＋征收率）$$

十二、增值税会计科目设置

1. 增值税会计科目设置明细

2016 年 12 月 3 日，财政部发布了《财政部关于印发〈增值税会计处理规定〉的通知》（财会〔2016〕22 号）。该文件对企业涉及增值税业务的会计处理进行了规范，适用于全面"营改增"后的所有企业。根据财会〔2016〕22号文件规定，一般纳税人企业增值税相关会计科目设置见表 7-6。

表 7-6　一般企业增值税基本会计科目设置明细表

科目代码	一级科目	二级科目	三级科目
2221	应交税费		
222101	应交税费	应交增值税	
22210101	应交税费	应交增值税	进项税额
22210102	应交税费	应交增值税	已交税金
22210103	应交税费	应交增值税	减免税款
22210104	应交税费	应交增值税	转出未交增值税
22210105	应交税费	应交增值税	销项税额抵减
22210106	应交税费	应交增值税	出口抵减内销产品应纳税额
22210107	应交税费	应交增值税	销项税额
22210108	应交税费	应交增值税	进项税额转出
22210109	应交税费	应交增值税	出口退税
22210110	应交税费	应交增值税	转出多交增值税
222102	应交税费	预交增值税	
222103	应交税费	待抵扣进项税额	
222104	应交税费	待认证进项税额	
222105	应交税费	待转销项税额	
222106	应交税费	简易计税	
222107	应交税费	转让金融商品应缴增值税	
222108	应交税费	代扣代交增值税	
222109	应交税费	未交增值税	
2221010	应交税费	增值税留抵税额	
2221011	应交税费	增值税检查调整	

【提示】

（1）以上科目代码，除一级科目外，二级、三级代码均可以根据各企业核算特点、核算系统具体情况自行设置。

（2）如果是集团企业，纳税申报较为复杂的，可以采取总分机构汇总纳税的方式。汇总纳税的具体科目设置会更加烦琐，在"应交税费"科目下可能要设立更多符合企业业务需要的二级或三级科目，也可以通过"往来科目"记录总部机构及分支机构的增值税汇缴或清算。

（3）"税金及附加"科目核算企业经营活动发生的消费税、城市维护建设税、资源税、教育费附加及房产税、土地使用税、车船使用税、印花税等相关税费。

小规模纳税人只需在"应交税费"科目下设置"应交增值税""转让金融商品应交增值税""代扣代交增值税"明细科目，没有要求必须设置专栏及更多科目。当然为了账务清楚、更好地服务企业，鼓励小规模纳税人设置更多辅助核算科目。

2. 增值税借贷方科目专栏

增值税会计核算有一个典型的特征，就是一些会计科目分专栏核算，借方专栏只能在借方，不放到贷方核算；贷方专栏只能在贷方，不能放到借方专栏核算。遇到退货、退回或其他情况，所购货物应冲销调账的，用红字登记。具体借方、贷方专栏见表7-7。

表7-7　增值税科目专栏明细表

	增值税借方科目专栏		增值税贷方科目专栏
1	进项税额	1	销项税额
2	已交税金	2	出口退税
3	减免税款	3	进项税额转出
4	出口抵减内销产品应纳税额	4	转出多交增值税
5	销项税额抵减		
6	转出未交增值税		

十三、增值税会计二级科目核算范围

1. 应交增值税

"应交增值税"反映一般纳税人和小规模纳税人销售货物、服务或者提供劳务活动等本期应缴纳的增值税。

应交增值税＝销项税额－（进项税额－进项税额转出）－出口抵减内销产品应纳税额－减免税款－预缴增值税＋出口退税

2. 预交增值税

"预交增值税"明细科目，核算一般纳税人转让不动产、提供不动产经营租赁服务、提供建筑服务、采用预收款方式销售自行开发的房地产项目等，以及其他按现行增值税制度规定应预缴的增值税额。

企业预交增值税，借记"应交税费——预交增值税"科目，贷记"银行存款"科目。月末，企业应将"预交增值税"明细科目余额转入"未交增值税"明细科目，借记"应交税费——未交增值税"科目，贷记"应交税费——预交增值税"科目。

3. 待抵扣进项税额

"待抵扣进项税额"核算一般纳税人已取得增值税扣税凭证并经税务机关认证，按照现行增值税制度规定准予以后期间从销项税额中抵扣的进项税额。包括：一般纳税人自 2016 年 5 月 1 日后取得并按固定资产核算的不动产或者 2016 年 5 月 1 日后取得的不动产在建工程，按现行增值税制度规定准予以后期间从销项税额中抵扣的进项税额；实行纳税辅导期管理的一般纳税人，取得的尚未交叉稽核比对的增值税扣税凭证上注明或计算的进项税额。

（1）辅导期内一般纳税人核算尚未交叉稽核比对的专用发票（国税发〔2010〕40 号）；

（2）海关进口增值税专用缴款书实行"先比对后抵扣"办法，纳税人用于核算已申请稽核但尚未取得稽核相符结果的海关缴款书进项税额（国家税务总局 海关总署 2013 年第 31 号公告）；

（3）一般纳税人期末已认证相符但未申报抵扣的增值税专用发票。

4. 待认证进项税额

"待认证进项税额"核算一般纳税人由于未经税务机关认证而不得从当期销项税额中抵扣的进项税额。包括：一般纳税人已取得增值税扣税凭证，按照现行增值税制度规定准予从销项税额中抵扣，但尚未经税务机关认证的进项税额；一般纳税人已申请稽核但尚未取得稽核相符结果的海关缴款书进项税额。

一般纳税人购进货物、加工修理修配劳务、服务、无形资产或不动产，用于简易计税方法计税项目、免征增值税项目、集体福利或个人消费等，其进项税额按照现行增值税制度规定不得从销项税额中抵扣的，取得增值税专用发票时，应借记相关成本费用或资产科目，借记"应交税费——待认证进项税额"科目，贷记"银行存款""应付账款"等科目。

经税务机关认证后，根据有关"进项税额""进项税额转出"专栏及"待认证进项税额"明细科目的核算内容，先转入"进项税额"专栏，借记"应交税费——应交增值税（进项税额）"科目，贷记"应交税费——待认证进项税额"科目；按现行增值税制度规定转出时，记入"进项税额转出"专栏，借记相关成本费用或资产科目，贷记"应交税费——应交增值税（进项税额转出）"科目。

5. 待转销项税额

"待转销项税额"核算一般纳税人销售货物、加工修理修配劳务、服务、无形资产或不动产，已确认相关收入（或利得）但尚未发生增值税纳税义务，而需于以后期间确认为销项税额的增值税额。即，应将相关收入的销项税额计入"应交税费——待转销项税额"科目，待实际发生纳税义务时再转入"应交税费——应交增值税（销项税额）"或"应交税费——简易计税"科目。

该科目适用于会计上确认收入但不满足增值税纳税义务发生时间的情况。比如，一般纳税人销售货物，已经发出货物且其他条件均符合收入确认条件，但是尚未开具发票，未收到款项，同时也未达到合同规定的付款时间，此时应在会计上确认收入，但在增值税上不需确认增值税。另外，建安企业延期的质保金、持有至到期投资利息收入等也属于这种情况。

6. 简易计税

"简易计税"核算一般纳税人采用简易计税方法发生的增值税计提、扣减、预缴、缴纳等业务。该科目是一般纳税人在发生简易计税方法时适用。

7. 未交增值税

"未交增值税"核算一般纳税人月度终了从"应交增值税"或"预交增值税"明细科目转入当月应交未交、多交或预缴的增值税额，以及当月交纳以前期间未交的增值税额。

月末结账时，当"应交税费——应交增值税"为贷方余额时，为应缴增值税，应将其贷方余额转入该科目的贷方，反映企业未缴的增值税；当"应交税费——应交增值税"为多交增值税时，应将其多缴的增值税转入该科目的借方，反映企业多缴的增值税。

8. 增值税检查调整

"增值税检查调"整科目属于调整类专门账户，主要核算在税务稽查当中涉及的应交税费等有关账户的调整金额。凡检查后应调减账面进项税额或调增销项税额和进项税额转出的数额，借记有关科目，贷记本科目；凡检查后应调增账面进项税额或调减销项税额和进项税额转出的数额，借记本科目，贷记有关科目；全部调账事宜入账后，应结出本账户的余额，并对该项余额进行处理。

十四、增值税会计三级科目核算内容

应交税费三级科目见表 7-8。

表 7-8　应交税费三级科目核算内容与规则

科目编码	科目名称	核算内容与规则
22210101	进项税额	（1）记录一般纳税人购进货物、加工修理修配劳务、服务、无形资产或不动产而支付或负担的、准予从当期销项税额中抵扣的增值税额。 （2）企业购入货物或接受应税劳务支付的进项税额，用蓝字登记；退回所购货物应冲销的进项税额，用红字登记
22210102	已交税金	（1）反映企业已缴纳的增值税额。 （2）企业已缴纳的增值税额用蓝字登记；退回多缴的增值税额用红字登记
22210103	减免税款	（1）反映根据税法规定纳税人取得的减、免的增值税额。 （2）对于直接减免的增值税，借记"应交税费——应交增值税（减免税款）"科目，贷记"营业外收入"科目
22210104	转出未交增值税	（1）该科目专门用来核算未缴或多缴增值税的，平时无发生额。月末结账时，当"应交税费——应交增值税"为贷方余额时，为应交增值税，应将其贷方余额转入该科目的贷方，反映企业未交的增值税。 （2）当"应交税费——应交增值税"为多增值税时，应将其多交的增值税转入该科目的借方，反映企业多交的增值税

科目编码	科目名称	核算内容与规则
22210105	销项税额抵减	按现行增值税制度规定企业发生相关成本费用允许扣减销售额的，应当按减少的销项税额，借记"应交税费——应交增值税（销项税额抵减）"科目（小规模纳税人应借记"应交税费——应交增值税"科目），按应付或实际支付的金额与上述增值税额的差额，借记"主营业务成本"等科目，按应付或实际支付的金额，贷记"应付账款""应付票据""银行存款"等科目
22210106	出口抵减内销产品应纳税额	（1）记录实行"免、抵、退"办法的一般纳税人按规定计算的出口货物的进项税抵减内销产品的应纳税额。指生产企业出口自产货物所耗用的原材料、零部件、燃料、动力等所含应予退还的进项税额，抵顶内销货物的应纳税额。 （2）企业按照规定的退税率计算的出口货物的进项税抵减内销产品的应纳税额，借记"应交税费——应交增值税（出口抵减内销产品应纳税额）"科目，贷记"应交税费——应交增值税（出口退税）"科目
22210107	销项税额	（1）记录一般纳税人销售货物、加工修理修配劳务、服务、无形资产或不动产应收取的增值税额。 （2）企业销售货物或提供应税劳务应收取的销项税额，用蓝字登记；退回销售货物应冲销的销项税额，用红字登记
22210108	进项税额转出	（1）记录一般纳税人购进货物、加工修理修配劳务、服务、无形资产或不动产等发生非正常损失以及其他原因而不应从销项税额中抵扣、按规定转出的进项税额。 （2）按规定转出的进项税额其抵扣的进项税额应通过"应交税费——应交增值税（进项税额转出）"科目转入有关科目
22210109	出口退税	（1）记录一般纳税人出口货物、加工修理修配劳务、服务、无形资产按规定退回的增值税额。企业出口适用零税率的货物，向海关办理报关出口手续后，凭出口报关单等有关凭证，向税务机关申报办理出口退税而收到的退回的税款。 （2）出口货物退回的增值税额，用蓝字登记；进口货物办理退税后发生退货或者退关而补缴已退的税款，用红字登记
22210110	转出多交增值税	（1）反映企业月度终了转出多交的增值税。 （2）月份终了，企业应将本月多交的增值税自"应交税费——应交增值税"科目转入"未交增值税"明细科目，借记"应交税费——未交增值税"，贷记"应交税费——应交增值税（转出多交增值税）"

月末，增值税账务处理见表 7-9。

表 7-9　增值税账务处理

业务情景	账务处理	
月末转出多交增值税和未交增值税	月末应交未交或多交的增值税自"应交增值税"明细科目转入"未交增值税"明细科目	借：应交税费——应交增值税（转出未交增值税） 　　贷：应交税费——未交增值税
对于当月多交的增值税	借：应交税费——未交增值税 　　贷：应交税费——应交增值税（转出多交增值税）	
企业交纳当月应交的增值税	借：应交税费——应交增值税（已交税金） 　　　　　　——应交增值税（小规模纳税人） 　　贷：银行存款	
交纳以前期间未交增值税	借：应交税费——未交增值税 　　贷：银行存款	
预缴增值税	借：应交税费——预交增值税 　　贷：银行存款	
月末，企业应将"预交增值税"明细科目余额转入"未交增值税"明细科目	借：应交税费——未交增值税 　　贷：应交税费——预交增值税	
减免增值税的账务处理	对于当期直接减免的增值税	借：应交税费——应交增值税（减免税款） 　　贷：损益类相关科目

第二节　城市维护建设税

《中华人民共和国城市维护建设税法》（中华人民共和国主席令第 51 号）自 2021 年 9 月 1 日执行。1985 年 2 月 8 日国务院发布的《中华人民共和国城市维护建设税暂行条例》（以下简称"城市维护建设税暂行条例"）同时废止。

一、纳税人、计税依据

1. 纳税人

在中华人民共和国境内缴纳增值税、消费税的单位和个人，为城市维护建设税的纳税人，应当依照本法规定缴纳城市维护建设税。

城市维护建设税以纳税人依法实际缴纳的增值税、消费税税额为计税依据。

城市维护建设税的计税依据应当按照规定扣除期末留抵退税退还的增值税税额。

对进口货物或者境外单位和个人向境内销售劳务、服务、无形资产缴纳的增值税、消费税税额，不征收城市维护建设税。

二、税率、计算办法、纳税时间

1. 税率

城市维护建设税税率如下：

（1）纳税人所在地在市区的，税率为 7%；

（2）纳税人所在地在县城、镇的，税率为 5%；

（3）纳税人所在地不在市区、县城或者镇的，税率为 1%。

2. 计算方法

城市维护建设税的应纳税额按照计税依据乘以具体适用税率计算。

3. 纳税时间

城市维护建设税的纳税义务发生时间与增值税、消费税的纳税义务发生时间一致，分别与增值税、消费税同时缴纳。

第三节　教育费附加

教育费附加是对缴纳增值税、消费税的单位和个人征收的一种附加费。其作用是发展地方性教育事业，扩大地方教育经费的资金来源。核算时可以记入"税金及附加"会计科目中。

教育费附加的会计分录

（1）企业计提对外销售应税产品计提教育费附加时的会计分录。

借：税金及附加

　　　贷：应交税费——教育费附加

（2）企业计提自产自用应税产品应缴纳的教育费附加的会计分录。

借：生产成本（制造费用）

　　　贷：应交税费——教育费附加

（3）实际缴纳教育费附加的会计分录。

借：应交税费——教育费附加

　　　贷：银行存款（库存现金）

地方教育附加是指根据国家有关规定，为实施"科教兴省"战略，增加地方教育的资金投入，促进各省、自治区、直辖市教育事业发展而开征的一项地方政府性基金。

根据财政部发布的《关于统一地方教育附加政策有关问题的通知》（财综〔2010〕98号）规定，地方教育附加征收标准统一为单位和个人（包括外商投资企业、外国企业及外籍个人）实际缴纳的增值税和消费税税额的2%。

地方教育附加的计算公式为：

$$地方教育附加＝（实际缴纳的增值税＋消费税）\times 2\%$$

第四节　企业所得税

企业所得税是对我国境内的企业和其他取得收入的组织，生产经营所得和其他所得征收的一种所得税。根据《中华人民共和国企业所得税法》（中华人民共和国主席令第63号）规定，企业所得税税率为25%。但符合条件的小型微利企业（年应税收入30万以下）减按20%；国家重点扶持的高新技术企业减按15%；符合条件的小型微利企业（年应税收入10万以下）20%减半。

一、应纳税所得额

企业每一纳税年度的收入总额，减除不征税收入、免税收入、各项扣除以及允许弥补的以前年度亏损后的余额，为应纳税所得额，计算公式如下：

应纳税所得额＝收入总额－不征税收入－免税收入－准予扣除的项目－弥补以前年度亏损

1. 收入总额

企业以货币形式和非货币形式从各种来源取得的收入，为收入总额。运输企业主营业务收入包括：运输收入（含客运收入、货运收入、其他运输收入）、装卸收入、堆存收入、代理业务收入、港务管理收入、集装箱运输业务收入、铁路专用线业务收入等。

2. 不征税收入

收入总额中的下列收入为不征税收入：

（一）财政拨款；
（二）依法收取并纳入财政管理的行政事业性收费、政府性基金；
（三）国务院规定的其他不征税收入。

3. 不得扣除的项目

根据《中华人民共和国企业所得税法》，不得扣除的项目规定如下。

第十条　在计算应纳税所得额时，下列支出不得扣除：
（一）向投资者支付的股息、红利等权益性投资收益款项；
（二）企业所得税税款；
（三）税收滞纳金；
（四）罚金、罚款和被没收财物的损失；
（五）《中华人民共和国企业所得税法》第九条规定以外的捐赠支出；
（六）赞助支出；
（七）未经核定的准备金支出；
（八）与取得收入无关的其他支出。

4. 准予扣除的项目

企业实际发生的与取得收入有关的、合理的支出，包括成本、费用、税金、损失和其他支出，准予在计算应纳税所得额时扣除。物流企业的成本包括"运输成本""装卸成本""堆存成本""代理业务成本""仓储成本"等。

（1）扣除的要求。

物流企业的成本包括费用要在税前进行扣除必须具备两大条件：第一，发生的费用与企业的生产经营有关，主要通过合同、协议和企业内部的各项制度来界定；第二，要有合法的凭证。

合法有效凭证分为四大类。一是发票，应符合的条件为：①资金流、物流和票流、合同流的"四流"统一，即银行收付凭证、交易合同和发票上的收款人、付款人、金额必须一致；②必须有真实交易的行为；③符合国家相关政策规定。二是财政收据。三是境外收据。四是自制凭证。

根据《国家税务总局关于发布〈企业所得税税前扣除凭证管理办法〉的公告》（国家税务总局公告 2018 年第 28 号）第二条规定，税前扣除凭证，是指企业在计算企业所得税应纳税所得额时，证明与取得收入有关的、合理的支出实际发生，并据以税前扣除的各类凭证。

税前扣除凭证按照来源分为内部凭证和外部凭证：内部凭证包括企业自制用于成本、费用、损失和其他支出核算的会计原始凭证；外部凭证包括但不限于发票、财政票据、完税凭证、收款凭证、分割单等。

（2）费用税前扣除的基本原则：一是符合权责发生制原则；二是按收付实现制原则扣除的项目包括合理的工资、薪金支出；二是规定范围和标准的五险一金；三是规定范围和标准内的补充养老保险费、补充医疗保险费；四是特殊工种职工的人身安全保险费和规定可以扣除的其他商业保险费；五是企业拨缴的工会经费 2%；六是企业按规定缴纳的财产保险等。

二、企业所得税汇算清缴

企业所得税汇算清缴，是指纳税人按照《中华人民共和国企业所得税法》的规定，自纳税年度终了之日起 5 个月内或实际经营终止之日起 60 日内，依照税收法律、法规、规章及其他有关企业所得税的规定，自行计算本纳税年度应纳税所得额和应纳所得税额，根据月度或季度预缴企业所得税的数额，确定该纳税年度应补或者应退税额，并填写企业所得税年度纳税申报表，向主管税务机关办理企业所得税年度纳税申报、提供税务机关要求提供的有关资料、结清全年企业所得税税款的行为。

1. 需要汇算清缴的企业

下列企业需要进行企业所得税汇算清缴：

（1）企业所得税实行"查账征收"方式纳税：企业分月或者分季预缴企业所得税时，应当按照月度或者季度的实际利润额预缴，年度终了汇算清缴。

（2）企业所得税实行"核定应税所得率"方式纳税：纳税人应依照确定的应税所得率计算纳税期间实际应缴纳的税额，进行预缴，年度终了汇算清缴。

（3）企业所得税实行"核定应纳所得税额"方式纳税：应纳所得税额尚未确定之前，可暂按上年度应纳所得税额的十二分之一或四分之一预缴；在应纳所得税额确定以后，减除当年已预缴的所得税额，余额按剩余月份或季度均分，以此确定以后各月或各季的应纳税额；纳税人年度终了后，申报额超过核定经营额或应纳税额的，按申报额缴纳税款；申报额低于核定经营额或应纳税额的，按核定经营额或应纳税额缴纳税款。实行"核定应纳所得税额"方式纳税的企业，不需要进行企业所得税汇算清缴。

2. 企业所得税汇算清缴需要调整的收入类项目

（1）不征税收入。财政拨款，依法收取并纳入财政管理的行政事业性收费、政府性基金以及国务院规定的其他不征税收入。

（2）国债利息收入。不计入应纳所得税额，但中途转让所得应计税。

3. 企业所得税汇算清缴需要调整的支出类项目

（1）职工福利费。企业发生的职工福利费支出，不超过实际发生的工资薪金总额 14％的部分，准予扣除。超过部分作纳税调整处理，且为永久性业务核算。

（2）工会经费。企业拨缴的工会经费，不超过工资薪金总额 2％的部分，准予扣除。《国家税务总局关于工会经费企业所得税税前扣除凭据问题的公告》（国家税务总局公告 2010 年第 24 号）规定，自 2010 年 7 月 1 日起，企业缴纳的职工工会经费，要凭工会组织开具的《工会经费收入专用收据》在企业所得税税前扣除。

（3）职工教育经费。根据《财政部 税务总局关于企业职工教育经费税前扣除政策的通知》（财税〔2018〕51 号）规定：企业发生的职工教育经费支出，不超过工资薪金总额 8％的部分，准予在计算企业所得税应纳税所得额时扣除；超过部分，准予在以后纳税年度结转扣除。超过部分，则产生时间性差异，应做纳税调增项目处理。

（4）"五险一金"或"三险一金"。企业依照国务院有关主管部门或省级人民政府规定的范围和标准为职工缴纳的"五险一金"或"三险一金"，准予扣除；企业为投资者或者职工支付的补充养老保险费、补充医疗保险费，在国务院财政、税务主管部门缴纳的保险费，准予扣除。企业根据国家有关政策规定，为在本企业任职或者受雇的全体员工支付的补充养老保险费、补充医疗保险费、分别在不超过职工工资总额 5% 标准内的部分，在计算应纳税额时准予扣除，超过部分，不予扣除。

（5）利息支出。企业在生产经营活动中发生的下列利息支出，准予扣除：①非金融机构向金融机构借款的利息支出、金融机构的各项存款利息支出和同业拆借利息支出、企业经批准发行债券的利息支出；②非金融机构向非金融机构借款的利息支出，不超过按照金融机构同期同类贷款利息计算的数额的部分；③企业从其关联方接受的债券性投资与其权益性投资比例超过规定标准而发生的利息支出，超过部分不得在发生当期和以后年度扣除。债券性投资与其权益性投资具体比例是：金融企业 5:1，其他企业 2:1。

（6）业务招待费。企业发生的与生产经营活动有关的业务招待费支出，按照发生额的 60% 扣除，但最高不得超过当年销售收入（营业）的 0.5%，同时，要严格区分给客户的回扣、贿赂等非法支出，对此不能作为业务招待费而应直接作纳税调整。

（7）广告费和业务宣传费支出。企业发生的符合条件的广告费和业务宣传费支出，除国务院财政、税务主管部门另有规定外，不超过当年销售收入（营业）15% 的部分，准予扣除，超过部分，准予在以后纳税年度结转扣除，产生时间性差异。

（8）罚款、罚金、滞纳金。①税收滞纳金是指纳税人违反税收法规，被税务机关处以的滞纳金，不得扣除，应作纳税调增；②罚金、罚款和被没收财务的损失是指纳税人违反国家有关法律、法规规定，被有关部门处以的罚款，以及被司法机关处以的罚金和被没收财务，均属于行政性罚款，不得扣除，应作纳税调增。

（9）捐赠。企业发生的公益事业的捐赠支出，不超过年度利润总额 12% 的部分，准予扣除，而非公益性捐赠不得扣除，应作纳税调增。

三、企业所得税的会计处理方法

会计所得与应税所得额，由于存在永久性和时间性的差异，应采用不同的会计处理方法。

采用资产负债表债务法核算时，利润表中的所得税费用是由当期所得税和递延所得税两部分组成。

1. 当期所得税

当期所得税是指企业按照税法规定计算确定的针对当期发生的交易和事项，应缴纳税务部门的所得税金额，即当期应交所得税。

当期所得税（即应交所得税）＝当期应纳税所得额×所得税率

当期所得税不是利润表中的所得税费用，而是当期确认的应交所得税。企业在确定当期应交所得税时，对于当期发生的交易或事项，会计处理与税收处理不同的，应在会计利润的基础上，按照适用税收法规的规定进行调整，计算出当期应纳税所得额。

一般情况下，应纳税所得额可在会计利润的基础上，按照以下公式计算确定：

当期应交所得税（应纳税额）＝应纳税所得额×适用税率－减免税额－抵免税额

其中，应纳税所得额的计算公式有不同的表述方法。

公式1：应纳税所得额＝每一纳税年度的收入总额－不征税收入－免税收入－各项扣除－允许弥补的以前年度亏损

公式2：应纳税所得额＝会计利润±纳税调整额

＝会计利润±永久性差异纳税调整额±暂时性差异纳税调整额

＝会计利润＋纳税调整增加项目金额－纳税调整减少项目金额

2. 递延所得税

递延所得税根据《企业会计准则》规定来确定，递延所得税负债，核算企业在未来期间应缴纳的所得税；递延所得税资产，核算企业在未来期间可以抵减的所得税。

递延所得税＝（递延所得税负债的期末余额－递延所得税负债的期初余额）－（递延所得税资产的期末余额－递延所得税资产的期初余额）

3. 所得税费用

利润表中的所得税费用＝当期所得税＋递延所得税

【例7-1】某企业期初余额数据，见表7-10。

表 7-10　期初余额资料　　　　　　　　　　金额单位：元

期初	应纳税暂时性差异	可抵扣暂时性差异	递延所得税资产	递延所得税负债
交易性金融资产	450	—	—	45
预计负债	—	180	18	—

2022 年 12 月 31 日期末余额资料：交易性金融资产账面价值为 3 500 万元，计税基础为 2 800 万元；预计负债账面价值为 220 万元，计税基础为 0 万元。

除上述项目外，该企业其他资产、负债的账面价值与其计税基础不存在差异。该企业预计在未来期间能够产生足够的应纳税所得额用来抵扣可抵扣暂时性差异。2022 年税前会计利润为 2 300 万元。

递延所得税负债发生额＝（3 500－2 800）×25％－45＝130（万元）

递延所得税资产发生额＝220×25％－18＝37（万元）

应交所得税＝[2 300－（700－450）＋（220－180）]×25％＝522.50（万元）

递延所得税费用＝130－37＝93（万元）

所得税费用＝522.50＋93＝615.50（万元）

借：递延所得税资产　　　　　　　　　　　　　　　　　370 000

　　　所得税费用　　　　　　　　　　　　　　　　　6 155 000

　　　贷：应交税费——应交所得税　　　　　　　　　　　5 225 000

　　　　　递延所得税负债　　　　　　　　　　　　　　　1 300 000

四、税收优惠

《财政部 税务总局关于进一步支持小微企业和个体工商户发展有关税费政策的公告》（财政部 税务总局公告 2023 年第 12 号）：

> 为进一步支持小微企业和个体工商户发展，现将有关税费政策公告如下：
>
> 一、自 2023 年 1 月 1 日至 2027 年 12 月 31 日，对个体工商户年应纳税所得额不超过 200 万元的部分，减半征收个人所得税。个体工商户在享受现行其他个人所得税优惠政策的基础上，可叠加享受本条优惠政策。
>
> 二、自 2023 年 1 月 1 日至 2027 年 12 月 31 日，对增值税小规模纳税人、小型微利企业和个体工商户减半征收资源税（不含水资源税）、城市维护建设税、房产税、城镇土地使用税、印花税（不含证券交易印花税）、耕地占用税和教育费附加、地方教育附加。
>
> 三、对小型微利企业减按 25％ 计算应纳税所得额，按 20％ 的税率缴纳企业所得税政策，延续执行至 2027 年 12 月 31 日。

第五节 个人所得税

根据《全国人民代表大会常务委员会关于修改〈中华人民共和国个人所得税法〉的决定》已由中华人民共和国第十三届全国人民代表大会常务委员会第五次会议于 2018 年 8 月 31 日通过，自 2019 年 1 月 1 日起施行。

一、税前扣除项目

个人所得税扣除项目分为两类：一类是基本扣除项目；另一类是专项扣除项目。

1. 基本扣除项目

基本扣除项目具体如下。

（1）按照规定，单位为个人缴付和个人缴付的基本养老保险费、基本医疗保险费、失业保险费、住房公积金，从纳税义务人的应纳税所得额中扣除。

未超过国家或省（自治区、直辖市）人民政府规定的缴费比例或办法的，免征个人所得税。

（2）企事业单位和个人超过规定的比例和标准缴付的基本养老保险费、基本医疗保险费和失业保险费，应将超过部分并入个人当期的工资、薪金收入，计征个人所得税。

（3）企业为员工交纳的社会保险没有超过国家或省（自治区、直辖市）人民政府规定的缴费比例或办法的，免征个人所得税；超过的部分应并入个人当期的工资、薪金收入，计征个人所得税。

因此，企业为员工交纳的社会保险费超过了按其本人上一年度月平均工资的 300% 计算的社会保险费部分，应并入个人当期的工资、薪金收入，计征个人所得税。

（4）企业为员工交纳的所有商业保险是不免个人所得税的。应在向保险公司缴付时并入员工当期的工资收入，按"工资、薪金所得"项目计征个人所得税。

但是，对于商业保险中的企业年金，根据《财政部 人力资源社会保障部 国家税务总局关于企业年金 职业年金个人所得税有关问题的通知》（财税〔2013〕103 号）规定，企业为员工缴纳的企业年金（包括企业为个人缴付的和个人缴付的），可以延迟到退休领取时再缴纳个人所得税。

2. 专项附加扣除项目

专项附加扣除项目包括子女教育、继续教育、大病医疗、住房贷款利息、住房租金、赡养老人等按照标准扣除。

二、税率及计算方法

工资、薪金所得七级超额累进税率，见表 7-11。

表 7-11　工资、薪金所得个人所得税税率表

级　数	月应纳税所得额	税率（%）	速算扣除数（元）
1	不超过 3 000 元部分	3	0
2	超过 3 000～12 000 元	10	210
3	超过 12 000～25 000 元	20	1 410
4	超过 25 000～35 000 元	25	2 660
5	超过 35 000～55 000 元	30	4 410
6	超过 55 000～80 000 元	35	7 160
7	超过 80 000 元部分	45	15 160

《中华人民共和国个人所得税法》规定：居民个人的综合所得，以每一纳税年度的收入额减除费用 60 000 元及基本扣除项目、专项附加扣除和依法确定的其他扣除后的余额，为应纳税所得额。计算公式如下：

应纳税所得额＝月收入－5 000 元（起征点）－基本扣除项目－专项附加扣除项目－依法确定的其他扣除

【例 7-2】职工张研在深圳一家软件公司工作，本月税前收入 14 000 元，社保与住房公积金为 3 400 元；住房贷款 7 800 元，按规定可税前扣除 1 000 元；张研为非独生子女，父母均已退休，赡养老人可扣除 1 000 元。计算本月张研应交个人所得税。

应纳个人所得税额＝（14 000－3 400－1 000－1 000－5 000）×10%－210

＝150（元）

三、个人年度汇算清缴

依照《中华人民共和国个人所得税法》，取得收入的居民个人应于第二年3月至6月办理汇算清缴。

依据税法规定，年度终了后，居民个人（以下称"纳税人"）需要汇总上一年取得的工资薪金、劳务报酬、稿酬、特许权使用费等四项所得（以下称"综合所得"）的收入额，减除费用60 000元及专项扣除、专项附加扣除，依法确定的其他扣除和符合条件的公益慈善事业捐赠后，计算本年度最终应纳税额，再减去上一年度已预缴税额，得出本年度应退或应补税额，向税务机关申报并办理退税或补税。具体计算公式如下：

上一年度汇算应退或应补税额＝［（综合所得收入额－60 000－"社保与个人所得税"等专项扣除－子女教育等专项附加扣除－依法确定的其他扣除－捐赠）×适用税率－速算扣除数］－上一年已预缴税额

纳税人可优先通过网上税务局（包括手机个人所得税App）办理年度汇算，税务机关将按规定为纳税人提供申报表预填服务；不方便通过上述方式办理的，也可以通过邮寄方式或到办税服务厅办理。

（1）手机申报。

在手机应用宝中下载个人所得税App，下载完成后打开App点击个人中心，先注册后登录。进入首页，直接单击常用业务下面的"综合所得年度汇算"。系统自动识别"简易申报"或者"标准申报"。

①简易申报：查看并单击简易申报须知，核实相关数据。

②标准申报：单击"使用已申报数据填写"，查看并点击标准申报须知，单击"下一步"，逐项核实"工资薪金、劳务报酬、稿酬和特许权使用费"四项所得相关数据。

一般来说，需要补税与退税的情形不多。如果有以上情形，系统有两个选项，申请退税或补税，纳税人按照提示办理即可。

（2）其他申报方式。

纳税人也可以委托代扣代缴单位办理退税。

第六节　印花税

2021年6月10日，第十三届全国人民代表大会常务委员会第二十九次会议通过《中华人民共和国印花税法》，自 2022 年 7 月 1 日起施行。

一、计税依据

印花税的计税依据，按照下列方法确定，见表 7-12。

表 7-12 印花税计税依据

计税依据	含 义
应税合同的计税依据	为合同列明的价款或者报酬，不包括增值税税款
应税产权转移书据的计税依据	为产权转移书据列明的价款，不包括增值税税款
应税营业账簿的计税依据	为营业账簿记载的实收资本（股本）、资本公积合计金额
证券交易的计税依据	为成交金额

二、印花税税率

新税率见表 7-13。

表 7-13 印花税税目税率表

税 目		税 率	备 注
合同	买卖合同	支付价款的万分之三	指动产买卖合同（不包括个人书立的动产买卖合同）
	借款合同	借款金额的万分之零点五	指银行业金融机构和借款人（不包括银行同业拆借）订立的借款合同
	融资租赁合同	租金的万分之零点五	—
	租赁合同	租金的千分之一	—
	承揽合同	支付报酬的万分之三	—
	建设工程合同	支付价款的万分之三	—
	运输合同	运输费用的万分之三	指货运合同和多式联运合同（不包括管道运输合同）
	技术合同	支付价款、报酬或者使用费的万分之三	—
	保管合同	保管费的千分之一	—
	仓储合同	仓储费的千分之一	—
	财产保险合同	保险费的千分之一	不包括再保险合同

税　目		税　率	备　注
产权转移书据	土地使用权出让书据	价款的万分之五	
	房屋等建筑物和构筑物所有权转让书据（不包括土地承包经营权和土地经营权转移）	价款的万分之五	—
	股权转让书据（不包括应缴纳证券交易印花税的）	价款的万分之五	—
	商标专用权、著作权、专利权、专有技术使用权转让书据	价款万分之三	—
营业账簿		实收资本（股本）、资本公积合计金额的万分之二点五	—
证券交易		成交金额的千分之一	对证券交易的出让方征收，不对证券交易的受让方征收

三、税收优惠

免征印花税的情形如下：

（1）应税凭证的副本或者抄本；

（2）依照法律规定应当予以免税的外国驻华使馆、领事馆和国际组织驻华代表机构为获得馆舍书立的应税凭证；

（3）中国人民解放军、中国人民武装警察部队书立的应税凭证；

（4）农民、家庭农场、农民专业合作社、农村集体经济组织、村民委员会购买农业生产资料或者销售农产品书立的买卖合同和农业保险合同；

（5）无息或者贴息借款合同、国际金融组织向中国提供优惠贷款书立的借款合同；

（6）财产所有权人将财产赠与政府、学校、社会福利机构、慈善组织书立的产权转移书据；

（7）非营利性医疗卫生机构采购药品或者卫生材料书立的买卖合同；

（8）个人与电子商务经营者订立的电子订单。

根据国民经济和社会发展的需要，国务院对居民住房需求保障、企业改制重组、破产、支持小型微型企业发展等情形可以规定减征或者免征印花税，报全国人民代表大会常务委员会备案。

第七节 契税

2020年8月11日，第十三届全国人民代表大会常务委员会第二十一次会议通过《中华人民共和国契税法》，自2021年9月1日起施行。

1. 纳税人

在中华人民共和国境内转移土地、房屋权属，承受的单位和个人为契税的纳税人。

2. 税率

契税实行幅度比例税率，税率幅度为3％～5％。具体执行税率，由各省、自治区、直辖市人民政府在规定的幅度内，根据本地区的实际情况确定。

3. 计税依据

（1）土地使用权出让、出售，房屋买卖，为土地、房屋权属转移合同确定的成交价格，包括应交付的货币以及实物、其他经济利益对应的价款；

（2）土地使用权互换、房屋互换，为所互换的土地使用权、房屋价格的差额；

（3）土地使用权赠与、房屋赠与，以及其他没有价格的转移土地、房屋权属行为，为税务机关参照土地使用权出售、房屋买卖的市场价格依法核定的价格。

纳税人申报的成交价格、互换价格差额明显偏低且无正当理由的，由税务机关依照《中华人民共和国税收征收管理法》的规定核定。

4. 应纳税额的计算

应纳税额＝计税依据×税率

5. 优惠政策

有下列情形之一的，免征契税：

（1）国家机关、事业单位、社会团体、军事单位承受土地、房屋权属用于办公、教学、医疗、科研、军事设施；

（2）非营利性的学校、医疗机构、社会福利机构承受土地、房屋权属用于办公、教学、医疗、科研、养老、救助；

（3）承受荒山、荒地、荒滩土地使用权用于农、林、牧、渔业生产；

（4）婚姻关系存续期间夫妻之间变更土地、房屋权属；

（5）法定继承人通过继承承受土地、房屋权属；

（6）依照法律规定应当予以免税的外国驻华使馆、领事馆和国际组织驻华代表机构承受土地、房屋权属。

根据国民经济和社会发展的需要，国务院对居民住房需求保障、企业改制重组、灾后重建等情形可以规定免征或者减征契税，报全国人民代表大会常务委员会备案。

第八节　车辆购置税

2018 年 12 月 29 日，第十三届全国人民代表大会常务委员会第七次会议通过《中华人民共和国车辆购置税法》。

1. 纳税人

在中华人民共和国境内购置汽车、有轨电车、汽车挂车、排气量超过 150 毫升的摩托车（以下统称应税车辆）的单位和个人，为车辆购置税的纳税人。

2. 税率

车辆购置税实行一次性征收。购置已征车辆购置税的车辆，不再征收车辆购置税。车辆购置税的税率为 10％。

3. 应纳税额的计算

车辆购置税的应纳税额按照应税车辆的计税价格乘以税率计算。

4. 计税价格

应税车辆的计税价格,按照下列规定确定:

(1) 纳税人购买自用应税车辆的计税价格,为纳税人实际支付给销售者的全部价款,不包括增值税税款;

(2) 纳税人进口自用应税车辆的计税价格,为关税完税价格加上关税和消费税;

(3) 纳税人自产自用应税车辆的计税价格,按照纳税人生产的同类应税车辆的销售价格确定,不包括增值税税款;

(4) 纳税人以受赠、获奖或者其他方式取得自用应税车辆的计税价格,按照购置应税车辆时相关凭证载明的价格确定,不包括增值税税款。

5. 税收优惠

下列车辆免征车辆购置税:

(1) 依照法律规定应当予以免税的外国驻华使馆、领事馆和国际组织驻华机构及其有关人员自用的车辆;

(2) 中国人民解放军和中国人民武装警察部队列入装备订货计划的车辆;

(3) 悬挂应急救援专用号牌的国家综合性消防救援车辆;

(4) 设有固定装置的非运输专用作业车辆;

(5) 城市公交企业购置的公共汽电车辆。

根据国民经济和社会发展的需要,国务院可以规定减征或者其他免征车辆购置税的情形,报全国人民代表大会常务委员会备案。

第九节 船舶吨税

根据《中华人民共和国船舶吨税法》规定,自中华人民共和国境外港口进入境内港口的船舶(以下称应税船舶),应当依照本法缴纳船舶吨税。

1. 税率

中华人民共和国国籍的应税船舶,船籍国(地区)与中华人民共和国签订含有相互给予船舶税费最惠国待遇条款的条约或者协定的应税船舶,适用优惠税率。其他应税船舶,适用普通税率。船舶吨税税率分为普通税率与优惠税率,见表 7-14。

表 7-14　船舶吨税税率

税目（按船舶净吨位划分）	税率（元/净吨）						备注
	普通税率（按执照期限划分）			优惠税率（按执照期限划分）			
	1 年	90 日	30 日	1 年	90 日	30 日	
不超过 2 000 净吨	12.6	4.2	2.1	9.0	3.0	1.5	（1）拖船按照发动机功率每千瓦折合净吨位 0.67 吨。
超过 2 000 净吨，但不超过 10 000 净吨	24.0	8.0	4.0	17.4	5.8	2.9	（2）无法提供净吨位证明文件的游艇，按照发动机功率每千瓦折合净吨位 0.05 吨。
超过 10 000 净吨，但不超过 50 000 净吨	27.6	9.2	4.6	19.8	6.6	3.3	（3）拖船和非机动驳船分别按相同净吨位船舶税率的 50% 计征税款
超过 50 000 净吨	31.8	10.6	5.3	22.8	7.6	3.8	

2. 计算方法

吨税的应纳税额按照船舶净吨位乘以适用税率计算。

3. 纳税义务发生时间

吨税纳税义务发生时间为应税船舶进入港口的当日。应税船舶在吨税执照期满后尚未离开港口的，应当申领新的吨税执照，自上一次执照期满的次日起续缴吨税。

4. 免征吨税项目

根据《中华人民共和国船舶吨税法》第九条规定，下列船舶免征吨税：

（一）应纳税额在人民币五十元以下的船舶；

（二）自境外以购买、受赠、继承等方式取得船舶所有权的初次进口到港的空载船舶；

（三）吨税执照期满后二十四小时内不上下客货的船舶；

（四）非机动船舶（不包括非机动驳船）；

（五）捕捞、养殖渔船；

（六）避难、防疫隔离、修理、改造、终止运营或者拆解，并不上下客货的船舶；

（七）军队、武装警察部队专用或者征用的船舶；

（八）警用船舶；

（九）依照法律规定应当予以免税的外国驻华使领馆、国际组织驻华代表机构及其有关人员的船舶；

（十）国务院规定的其他船舶。

前款第十项免税规定，由国务院报全国人民代表大会常务委员会备案。

第8章
财务报表原理与编制方法

财务报表是反映企业或预算单位一定时期资金、利润状况的会计报表。财务报表包括资产负债表、利润表、现金流量表、所有者权益变动表和附注。本章主要介绍财务报表的编制原理与方法。

第一节 资产负债表原理与编制方法

资产负债表根据账户式借贷记账法原理，左侧为资产类项目，即借方科目与数据；右侧为负债和所有者权益，即贷方科目与数据，正好借方等于贷方，是很完美的借贷方试算平衡法。

一、资产负债表的数据

资产负债表分为左右两列，用会计平衡原理，将合乎会计原则的资产、负债、股东权益科目分为"资产"和"负债及所有者权益（股东权益）"两部分，左边是资产项目，右边是负债和所有者权益项目；实际上左边代表资金的占用，右边代表资金的来源，如下所示。

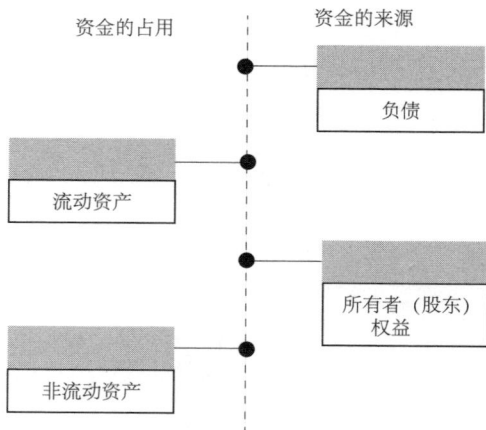

资金的占用　　　　　资金的来源

负债

流动资产

所有者（股东）
权益

非流动资产

左侧资金的占用按照资产的变现能力来排序，分为流动性资产与非流动性资产。右侧资金的来源分为借入资金与企业自有资金，借入资金按照偿还时间长短分为流动负债与非流动负债；所有者（股东）权益是按照其可辨认程度来排列的，其序列依次为：股本、资本公积、盈余公积、其他综合收益、未分配利润等。

上图体现一个等式，即资金的占用等于资金的来源，进一步细化为：

$$资产＝负债＋所有者权益$$

资产负债表就是根据这个等式编制，当资产负债表列有上期期末数时，称为"比较资产负债表"，它通过前后期资产负债的比较，可以反映企业财务变动状况。

根据股权有密切联系的几个独立企业的资产负债表汇总编制的资产负债表，称为"合并资产负债表"。它可以综合反映本企业以及与其股权上有联系的企业的全部财务状况。

二、资产负债表的编制要求

在编制资产负债表时，应满足以下基本要求：

（1）企业应按期编制资产负债表。资产负债表日一般分为公历月末、季末和年末，但在年度终了时必须编制。

（2）报表和企业的名称应在资产负债表的表首得到体现。资产负债表的表首应列明报表和企业的名称，列示编制该表的编制日期、货币单位和报表标号，这些分别体现了会计主体假设、持续经营和会计分期假设以及以货币为基本计量单位假设。

（3）资产负债表各项目金额应以元为单位。金额均以元为单位，元以下填至分；采用外币作为记账本位币的企业，应当将以外币反映的资产负债表折算为报告货币反映的资产负债表；特别目的报表可取元、百元或千元等为整数单位。

（4）企业资产负债表应该条目清晰，井然有序。企业编制资产负债表应采用适当的分类方法及排列顺序。

（5）资产负债表中资产项目金额合计应等于负债与所有者权益项目金额之和，主要分类的明细分类的总额应分别加以列示；所有在资产负债表上表述的项目都要分别计入有关的合计，并全部计入总计。此外，计价账户应直接与其调整的项目相联系；分类不可重叠，不同项目不能混合在一起或相互抵销，各项资产和负债的金额一般也不应相互抵销。

三、账户式资产负债表

资产负债表主要是围绕它的三大要素进行披露信息的，即资产、负债、所有者权益。如果把这三个数字及其内容分左右排列，左边列示企业拥有的资产，右边列示企业的负债及所有者权益，很像账户，所以人们称其为账户式的资产负债表。按照会计法的规定，我国资产负债表以这种格式为参考样式。账户式资产负债表样式，见表8-1。

表 8-1　账户式资产负债表　　　　　　　金额单位：元

资产	行次	金额	负债及股东权益	行次	金额
流动资产			流动负债		
长期资产			长期负债		
固定资产			负债总计		
无形资产			实收资本		
递延税项			资本公积		
其他资产			盈余公积		

资产	行次	金额	负债及股东权益	行次	金额
			未分配利润		
			股东权益合计		
资产总计			负债及股东权益合计		

四、报告式资产负债表

报告式资产负债表为垂直式，把资产、负债和所有者权益各项目自上而下排列，即首先列示企业的所有资产，其次列示企业的所有负债，然后列示企业的所有者（股东）权益。由于上下排列类似于领导的报告，所以称为报告式的资产负债表。

现在手工编制报表的比较少，一般都是用计算机打印报表，使用的纸型一般都是 A4 纸型。如果用账户式的资产负债表，不仅字小，而且很难看。而使用报告式的表格，不仅字比较清晰，而且格式也比较美观。

由于《企业会计准则第 14 号——收入》（财会〔2017〕22 号）自 2021 年 1 月 1 在所有企业中施行，财政部于 2019 年颁布《关于印发修订印发 2019 年度一般企业财务报表格式的通知》（财会〔2019〕6 号），对财务报表项目进行增加、修改与删除，以适应执行新金融准则、新收入准则和新租赁准则的企业，表 8-2 为报告式资产负债表样式。

表 8-2　资产负债表　　　　　　　　　会企 01 表

编制单位：　　　　　　　　年　月　日　　　　　　　金额单位：元

资　　　产	期末余额	上年年末余额	负债和所有者权益（或股东权益）	期末余额	上年年末余额
流动资产：			流动负债：		
货币资金			短期借款		
交易性金融资产			交易性金融负债		
衍生金融资产			衍生金融负债		
应收票据			应付票据		
应收账款			应付账款		

资　　　产	期末余额	上年年末余额	负债和所有者权益（或股东权益）	期末余额	上年年末余额
应收款项融资			预收款项		
预付款项			合同负债		
其他应收款			应付职工薪酬		
存货			应交税费		
合同资产			其他应付款		
持有待售资产			持有待售负债		
一年内到期的非流动资产			一年内到期的非流动负债		
其他流动资产			其他流动负债		
流动资产合计			流动负债合计		
非流动资产：			非流动负债：		
债权投资			长期借款		
其他债权投资			应付债券		
长期应收款			其中：优先股		
长期股权投资			永续债		
其他权益工具投资			租赁负债		
其他非流动金融资产			长期应付款		
投资性房地产			预计负债		
固定资产			递延收益		
在建工程			递延所得税负债		
生产性生物资产			其他非流动负债		
油气资产			非流动负债合计		
使用权资产			负债合计：		
无形资产			所有者权益（或股东权益）：		
开发支出			实收资本（或股本）		
商誉			其他权益工具		
长期待摊费用			其中：优先股		

资　产	期末余额	上年年末余额	负债和所有者权益（或股东权益）	期末余额	上年年末余额
递延所得税资产			永续债		
其他非流动资产			资本公积		
非流动资产合计			减：库存股		
			其他综合收益		
			专项储备		
			盈余公积		
			未分配利润		
			所有者权益（或股东权益）合计		
资产总计			负债和所有者权益（或股东权益）总计		

五、年初余额与期末余额

为便于各项指标的期末数与期初数比较，资产负债表设有"年初额"和"期末额"两个金额栏，相当于比较两个年度的资产负债表。

1. 年初余额

资产负债表中"年初余额"栏内各项数字应根据上年末资产负债表的"期末余额"栏内所列数字来填列。如果上年度资产负债表规定的各个项目的名称和内容与本年度不相一致，应对上年年末资产负债表各项目的名称和数字按照本年度的规定进行调整，填入报表中"年初余额"栏内。

2. 期末余额

资产负债表"期末余额"的编制方法主要有两种，如下所示。

（1）直接填列法，将总分类账或某些明细分类账的期末余额，直接填列在报表中的相应项目上，报表中的绝大部分项目都采用这种方法填列。

（2）分析填列法，对账户记录进行分析，重新调整、计算后，填列在报表的有关项目中。

六、资产项目的填列方法

资产分为流动性资产和非流动性资产。

1. 流动性资产的填列方法

流动性资产的填列方法见表 8-3。

表 8-3　流动性资产填列方法

项　　目	填列方法
货币资金	根据"库存现金""银行存款""其他货币资金"科目的期末余额合计数填列
交易性金融资产	根据"交易性金融资产"科目的相关明细科目的期末余额分析填列
应收票据	根据"应收票据"科目的期末余额，减去"坏账准备"科目中相关坏账准备期末余额后的金额分析填列
应收账款	根据"应收账款"科目的期末余额，减去"坏账准备"科目中相关坏账准备期末余额后的金额分析填列
应收款项融资	反映资产负债表日以公允价值计量且其变动计入其他综合收益的应收票据和应收账款等
其他应收款	根据"应收利息""应收股利"和"其他应收款"科目的期末余额合计数，减去"坏账准备"科目中相关坏账准备期末余额后的金额填列
存货	根据"材料采购""原材料""材料成本差异""生产成本""库存商品""周转材料""发出商品""委托加工物资""商品进销差价"，以及不超过一年的"合同履约成本"等科目的期末余额合计数减去"存货跌价准备"科目期末余额后的金额填列
合同资产	根据相关明细科目期末余额分析填列，同一合同下的合同资产和合同负债应当以净额列示，其中净额为借方余额的，应当根据其流动性在"合同资产"或者"其他非流动资产"项目中填列，已计提减值准备的，还应减去"合同资产减值准备"科目中相关的期末余额后的金额填列
一年内到期的非流动资产	包括在一年内到期的债权投资、一年内到期的长期借款、长期应付款和应付债券等，根据上述账户分析计算填列
其他流动资产	指除货币资金、应收票据、应收账款、其他应收款、存货等流动资产以外的流动资产。一般企业"待处理流动资产净损益"科目未处理转账，报表时挂在"其他流动资产"项目中。另外，不超过一年的"合同取得成本、应收退货成本"科目，以及超过一年的"合同履约成本"科目余额在"其他流动资产"中列示

2. 非流动资产填列方法

非流动性资产填列方法，见表 8-4。

表 8-4 非流动性资产填列方法

项　　目	填列方法
债权投资	根据"债权投资"科目的相关明细科目期末余额，减去"债权投资减值准备"科目中相关减值准备的期末余额后的金额分析填列
其他债权投资	根据"其他债权投资"科目的相关明细科目的期末余额分析填列
其他权益工具投资	根据"其他权益工具投资"科目的期末余额填列
固定资产	根据"固定资产"科目的期末余额，减去"累计折旧"和"固定资产减值准备"科目的期末余额后的金额，加上"固定资产清理"科目借方余额，减去"固定资产清理"贷方余额后的金额填列
在建工程	根据"在建工程"科目的期末余额，减去"在建工程减值准备"科目的期末余额后的金额，加上"工程物资"科目的期末余额，减去"工程物资减值准备"科目的期末余额后的金额填列
其他非流动资产	按照《企业会计准则第 14 号——收入》（财会〔2017〕22 号）的相关规定，超过 1 年或一个正常营业周期的"合同资产""合同履约成本""应收退货成本"科目借方余额在"其他非流动资产"项目中填列
一年内到期的非流动资产	企业在"其他非流动资产"项目反映的资产；自资产负债表日起一年内到期的长期债权投资的期末账面价值，在"一年内到期的非流动资产"项目反映

七、负债项目的填列方法

负债是企业筹措资金的重要渠道，但它不能归企业永久支配使用，必须按期归还或偿还。负债实质上反映了企业与债权人之间的一种债务关系，它所代表的是企业对债权人所承担的全部经济责任或义务。

1. 流动负债的填列方法

流动负债填列方法，见表 8-5。

表 8-5 流动负债各项目填列方法

项　　目	填列方法
短期借款	根据"短期借款"科目的期末余额填列

项　　目	填列方法	
交易性金融负债	根据"交易性金融负债"科目的相关明细科目的期末余额填列	
应付票据	根据"应付票据"科目的期末余额填列	
应付账款	根据"应付账款"和"预付账款"科目所属的相关明细科目的期末贷方余额合计数填列	
预收款项	根据"应收账款"和"预收账款"科目所属的相关明细科目的期末贷方余额合计数填列	
应付职工薪酬	根据"应付职工薪酬"科目期末贷方余额填列	
应交税费	"应交增值税""未交增值税""待抵扣进项税额""待认证进项税额""增值税留抵税额""预交增值税"等明细科目期末借方余额	短于一年或一个营业周期在"其他流动资产"填报，超过一年或一个营业周期在"其他非流动资产"填报
	"应交税费——待转销项税额"等科目期末贷方余额	短于一年或一个营业周期在"其他流动负债"填报，超过一年或一个营业周期在"其他非流动负债"填报
	"未交增值税""简易计税""转让金融商品应交增值税""代扣代抵增值税"等科目贷方余额	根据"应交税费"科目的期末贷方余额填列
其他应付款	根据"应付利息""应付股利"和"其他应付款"科目的期末余额合计数填列。其中的"应付利息"仅反映相关金融工具已到期应支付但于资产负债表日尚未支付的利息。基于实际利率法计提的金融工具的利息应包含在相应金融工具的账面余额中	
合同负债	根据"合同负债"科目的相关明细科目的期末余额分析填列，同一合同下的合同负债应当以净额列示，其中净额为贷方余额的，应当根据其流动性在"合同负债"或"其他非流动负债"项目中填列	
一年内到期的非流动负债	根据一年内到期的长期负债项目填列。包括一年内到期的长期借款、长期应付款和应付债券，根据这些账户进行分析填列	
其他流动负债	"预计负债"科目下的"应付退货款"明细科目是否在一年或一个正常营业周期内清偿，在"其他流动负债"或"预计负债"项目中填列	

2. 非流动负债填列方法

非流动负债填列方法，见表 8-6。

表 8-6　非流动负债各项目填列方法

项　　目	填列方法
预计负债	根据"预计负债"科目的期末余额填列，按照《企业会计准则第 22 号——金融工具确认和计量》（财会〔2017〕7 号）的相关规定对贷款承诺、财务担保合同等项目计提的损失准备，应当在"预计负债"项目中填列
长期应付款	根据"长期应付款"科目的期末余额，减去相关的"未确认融资费用"科目的期末余额后的金额，以及"专项应付款"科目的期末余额填列
递延收益	"递延收益"项目中摊销期限只剩一年或不足一年的，或预计在一年内（含一年）进行摊销的部分，不得归类为流动负债，仍在该项目中填列，不转入"一年内到期的非流动负债"项目
递延所得税负债	根据"递延所得税负债"科目期末余额分析填列
其他非流动负债	根据有关科目的期末余额填列，如应在财务报表附注中披露其他非流动负债价值较大的说明和金额，超过 1 年的合同负债贷方余额

需要注意的是，按照《企业会计准则第 14 号——收入》（财会〔2017〕22 号）的相关规定确认为预计负债的应付退货款，应当根据"预计负债"科目下的"应付退货款"明细科目是否在一年或一个正常营业周期内清偿，在"其他流动负债"或"预计负债"项目中填列。

八、所有者（股东）权益项目

所有者权益各项目的具体内容和填列方法，见表 8-7。

表 8-7　所有者权益各项目填列方法

项　　目	填列方法
实收资本	根据"实收资本"（"股本"）科目的期末余额填列
资本公积	根据"资本公积"科目的期末余额填列
其他权益工具	对于资产负债表日企业发行的金融工具，分类为金融负债的，应在"应付债券"项目填列，对于优先股和永续债，还应在"应付债券"项目下的"优先股"项目和"永续债"项目分别填列；分类为权益工具的应在"其他权益工具"项目填列，对于优先股和永续债，还应在"其他权益工具"项目下的"优先股"项目和"永续债"项目分别填列

续上表

项　　目	填列方法
盈余公积	根据"盈余公积"科目的期末余额填列
其他综合收益	根据"其他综合收益"科目的期末余额分析填列
专项储备	根据"专项储备"科目的期末余额填列
未分配利润	根据"本年利润"科目和"利润分配"科目的余额计算填列

九、资产负债表编制案例

【例 8-1】先锋物流有限责任公司是增值税一般纳税人，增值税税率为 9%，企业所得税税率为 25%。其 2023 年 1 月 1 日有关科目的余额见表 8-8。

表 8-8　科目余额表

2023 年 1 月 1 日　　　　　　　　　　　　　　　金额单位：元

科目名称	年初数	科目名称	年初数
库存现金	6 800	短期借款	1 000 000
银行存款	2 450 000	应付票据	400 000
其他货币资金	208 000	应付账款	2 560 000
交易性金融资产	30 900	其他应付款	46 000
应收票据	100 000	应付职工薪酬	154 600
应收账款	2 400 000	合同负债	209 000
坏账准备	−9 000	应交税费	133 300
合同资产	525 000	应付利息	45 000
其他应收款	12 800	长期借款	4 000 000
材料采购	580 000	其他非流动负债	1 120 000
原材料	1 520 000	递延所得税负债	10 000
包装物	260 000	实收资本	5 000 000
周转材料	50 000	资本公积	143 200
材料成本差异	8 600	盈余公积	150 000
存货跌价准备	−6 500	利润分配（未分配利润）	290 000
长期股权投资	1 200 000		
长期股权投资减值准备	−3 500		

科目名称	年初数	科目名称	年初数
固定资产	5 408 000		
累计折旧	−60 000		
固定资产减值准备	−110 000		
无形资产	560 000		
累计摊销	−160 000		
长期待摊费用	290 000		
合　计	15 261 100	合　计	15 261 100

2023 年 1 月，先锋物流有限责任公司发生的经济业务如下：

（1）从中石化深圳有限公司购入汽油，价款 800 000 元，增值税额 104 000元，共计 904 000 元，先用银行存款支付 68 000 元，其余货款三个月后支付，材料未到。

（2）收到一批轮胎，实际成本 160 000 元，计划成本 155 200 元，轮胎已验收入库，货款已于上月支付。

（3）购入不需安装的设备一台，价款 120 000 元，支付增值税 15 600 元。货款与增值税款 135 600 元均以银行存款支付。设备已交付使用。

（4）收到银行通知，用银行存款支付到期的商业承兑汇票 200 000 元，偿还应付账款 185 000 元。

（5）取得汽运收入 600 000 元，增值税 54 000 元，价款尚未收到。

（6）取得水路运输收入 3 000 000 元，应收取增值税 270 000 元，银行已收妥货款。

（7）出售一台 2009 年之前购入的固定资产，价款 103 000 元。设备原价 400 000 元，已提折旧 120 000 元，已提减值准备 10 000 元，设备已交付。企业出售已使用过不得抵扣进项税额的固定资产，依 3% 减按 2% 征收增值税。

（8）收到一项长期股权投资的现金股利 20 000 元，存入银行。该项投资按成本法核算，对方公司的所得税税率与本公司一致，均为 25%。

（9）归还短期借款本金 1 000 000 元，利息 89 000 元，共计 1 089 000 元。

（10）用银行汇票支付原料款，收到开户银行转来银行汇票多余款收账通知，通知上所填多余款为 680 元，购入材料的价款 45 000 元，支付的增值税额为 5 850 元。

（11）材料已验收入库，该批材料的计划价格为 47 000 元。

（12）分配应支付的职工工资 903 700 元，其中，运输部门人员工资 480 000 元、修理部门人员工资 115 000 元，行政管理部门人员工资 308 700 元。

（13）计提企业应负担的社保费，运输部门人员社保费 76 800 元、修理部门人员社保费 18 400 元、行政管理部门应负担的社保费 49 392 元。

（14）代扣员工负担的社会保险费 180 740 元。

（15）结转代扣个人所得税 38 500 元。

（16）以银行存款支付员工工资 684 460 元。

（17）企业上缴由企业和个人承担的社保费及个人所得税 363 832 元。

（18）用银行存款支付公司品牌展览费 14 000 元，广告费 23 000 元。

（19）车队领用原材料，计划成本 340 000 元；领用低值易耗品，计划成本 40 000 元。

（20）结转领用原材料与低值易耗品的成本差异，材料成本差异率为 2%。

（21）公司采用商业承兑汇票结算方式取得运输收入 20 000 元，增值税额 1 800 元，收到 1 张 21 800 元的商业承兑汇票。

（22）提取应计入本期损益的借款利息共 43 500 元，其中，短期借款利息 29 000 元，长期借款利息 14 500 元。

（23）计提固定资产折旧 200 000 元，其中，应计入营运间接费用 140 000 元，管理费用 60 000 元。

（24）摊销无形资产 5 608 元。

（25）用银行存款支付本年度企业财产保险费 60 100 元。

（26）结转营运间接费用 314 200 元。

（27）偿还长期借款本金 900 000 元。

（28）收回应收账款 420 000 元，存入银行。

（29）计提存货跌价准备 97 600 元。

（30）公司本月无留抵税额。当月缴纳上月增值税 133 300 元。

（31）计算本月应缴纳增值税 200 350 元，城市维护建设税 14 024.50 元，教育费附加 6 010.50 元。

（32）结转收入。

（33）结转成本与费用。

（34）计算所得税费用，并结转利润分配。

（35）提取盈余公积。

（36）结转"未分配利润"账户。

根据上述资料，编制本期借贷方发生额数据，见表 8-9。

表 8-9　本期借贷方发生额　　　　　　　　　　金额单位：元

会计分录	借方发生额	贷方发生额
（1）借：材料采购——汽油	800 000	—
应交税费——应交增值税（进项税额）	104 000	—
贷：银行存款	—	68 000
应付账款	—	836 000
（2）借：原材料——轮胎	155 200	—
材料成本差异	4 800	—
贷：材料采购	—	160 000
（3）借：固定资产	120 000	—
应交税费——应交增值税（进项税额）	15 600	—
贷：银行存款	—	135 600
（4）借：应付票据	200 000	—
应付账款	185 000	—
贷：银行存款	—	385 000
（5）借：应收账款	654 000	—
贷：主营业务收入	—	600 000
应交税费——应交增值税（销项税额）	—	54 000
（6）借：银行存款	3 270 000	—
贷：主营业务收入	—	3 000 000
应交税费——应交增值税（销项税额）	—	270 000

会计分录	借方发生额	贷方发生额
（7）借：固定资产清理	270 000	—
累计折旧	120 000	—
固定资产减值准备	10 000	—
贷：固定资产	—	400 000
借：银行存款	103 000	—
贷：固定资产清理	—	103 000
借：固定资产清理	2 000	—
贷：应交税费——应交增值税（简易计税）	—	2 000
借：应交税费——应交增值税（简易计税）	2 000	—
贷：银行存款	—	2 000
借：资产处置损益	169 000	—
贷：固定资产清理	—	169 000
（8）借：应收股利	20 000	—
贷：投资收益	—	20 000
借：银行存款	20 000	—
贷：应收股利	—	20 000
（9）借：财务费用	89 000	—
贷：应付利息	—	89 000
借：短期借款	1 000 000	—
应付利息	89 000	—
贷：银行存款	—	1 089 000
（10）借：材料采购	45 000	—
银行存款	680	—
应交税费——应交增值税（进项税额）	5 850	—
贷：其他货币资金	—	51 530
（11）借：原材料	47 000	—
贷：材料采购	—	45 000

会计分录	借方发生额	贷方发生额
材料成本差异	—	2 000
(12) 借：主营业务成本——运输支出（工资）	480 000	—
营运间接费用——工资	115 000	—
管理费用	308 700	—
贷：应付职工薪酬——工资	—	903 700
(13) 借：主营业务成本——运输支出（社保）	76 800	—
营运间接费用（社保）	18 400	—
管理费用（社保）	49 392	—
贷：应付职工薪酬——社保费（企业）	—	144 592
(14) 借：应付职工薪酬——社会保险费	180 740	—
贷：其他应付款——代扣个人社会保险费	—	180 740
(15) 借：应付职工薪酬——工资	38 500	—
贷：应交税费——应交个人所得税	—	38 500
(16) 借：应付职工薪酬——工资	684 460	—
贷：银行存款	—	684 460
(17) 借：应付职工薪酬——社会保险费	144 592	—
其他应付款——代扣个人社会保险费	180 740	—
应交税费——应交个人所得税	38 500	—
贷：银行存款	—	363 832
(18) 借：销售费用——展览费	14 000	—
——广告费	23 000	—
贷：银行存款	—	37 000
(19) 借：主营业务成本——运输支出	340 000	—
贷：原材料	—	340 000
借：营运间接费用	40 000	—
贷：周转材料——低值易耗品	—	40 000

会计分录	借方发生额	贷方发生额
（20）借：主营业务成本——运输支出	6 800	—
营运间接费用	800	—
贷：材料成本差异	—	7 600
（21）借：应收票据	21 800	—
贷：主营业务收入	—	20 000
应交税费——应交增值税（销项税额）	—	1 800
（22）借：财务费用	43 500	—
贷：应付利息	—	29 000
长期借款——应付利息	—	14 500
（23）借：营运间接费用——折旧费	140 000	—
管理费用——折旧费	60 000	—
贷：累计折旧	—	200 000
（24）借：管理费用——无形资产摊销	5 608	—
贷：累计摊销	—	5 608
（25）借：管理费用——财产保险费	60 100	—
贷：银行存款	—	60 100
（26）借：主营业务成本——营运间接费用	314 200	—
贷：营运间接费用	—	314 200
（27）借：长期借款	900 000	—
贷：银行存款	—	900 000
（28）借：银行存款	420 000	—
贷：应收账款	—	420 000
（29）借：资产减值损失——计提的存货跌价准备	97 600	—
贷：存货跌价准备	—	97 600
（30）借：应交税费——未交增值税	133 300	—
贷：银行存款	—	133 300

会计分录	借方发生额	贷方发生额
（31）借：应交税费——应交增值税（转出未交增值税）	200 350	—
贷：应交税费——未交增值税	—	200 350
借：税金及附加	20 035	
贷：应交税费——应交城市维护建设税	—	14 024.50
——应交教育费附加	—	6 010.50
（32）借：主营业务收入	3 620 000	
投资收益	20 000	
贷：本年利润	—	3 640 000
（33）借：本年利润	2 157 735	
贷：主营业务成本	—	1 217 800
财务费用	—	132 500
销售费用	—	37 000
管理费用	—	483 800
税金及附加	—	20 035
资产处置损益	—	169 000
资产减值损失	—	97 600
（34）借：所得税费用	394 966.25	—
贷：应交税费——应交所得税	—	394 966.25
借：递延所得税资产	24 400	—
贷：所得税费用——递延所得税费用	—	24 400
借：本年利润	370 566.25	—
贷：所得税费用	—	370 566.25
借：本年利润	1 111 698.75	—
贷：利润分配——未分配利润	—	1 111 698.75
（35）借：利润分配——提取盈余公积	111 169.88	—
贷：盈余公积——法定盈余公积	—	111 169.88

会计分录	借方发生额	贷方发生额
（36）借：利润分配——未分配利润	111 169.88	—
贷：利润分配——提取法定盈余公积	—	111 169.88
合计	20 579 753.01	20 579 753.01

注：本月应缴纳增值税 200 350 元，城市维护建设税 14 024.50 元，教育费附加 6 010.50元。

本期进项税额＝104 000＋15 600＋5 850＝125 450（元）

本期销项税额＝54 000＋270 000＋1800＝325 800（元）

当期应纳税额＝325 800－125 450＝200 350（元）

下月 15 日前缴纳，本期转出未交增值税 200 350 元。

借：应交税费——应交增值税（转出未交增值税）　　　200 350

　　贷：应交税费——未交增值税　　　　　　　　　　　　　200 350

借：税金及附加　　　　　　　　　　　　　　　　　20 035

　　贷：应交税费——应交城市维护建设税　　　　　　　14 024.50

　　　　　　　　——应交教育费附加　　　　　　　　　　6 010.50

计算并结转应交所得税。

按税法规定，调增会计利润。

调增会计利润＝3 640 000－2 157 735＋97 600＝1 579 865（元）

应纳税额＝1 579 865×25％＝394 966.25（元）

同时应确认递延所得税资产＝97 600×25％＝24 400（元）

借：所得税费用　　　　　　　　　　　　　　　394 966.25

　　贷：应交税费——应交所得税　　　　　　　　　394 966.25

借：本年利润　　　　　　　　　　　　　　　　370 566.25

　　贷：所得税费用　　　　　　　　　　　　　　　370 566.25

借：递延所得税资产　　　　　　　　　　　　　24 400

　　贷：所得税费用——递延所得税费用　　　　　　　24 400

结转利润分配＝3 640 000－2 157 735－370 566.25＝1 111 698.75（元）

借：本年利润　　　　　　　　　　　　　　　1 111 698.75

　　贷：利润分配——未分配利润　　　　　　　　1 111 698.75

编制本月发生额科目汇总表，见表 8-10。

表 8-10　本月发生额科目汇总表

金额单位:元

银行存款

序号	借方	序号	贷方
6	3 270 000	1	68 000
7	103 000	3	135 600
8	20 000	4	385 000
10	680	7	2 000
28	420 000	9	1 089 000
		16	684 460
		17	363 832
		18	37 000
		25	60 100
		27	900 000
		30	133 300
合计	3 813 680		3 858 292

其他货币资金

序号	借方	序号	贷方
		10	51 530
合计			51 530

材料采购

序号	借方	序号	贷方
1	800 000	2	160 000
10	45 000	11	45 000
合计	845 000		205 000

主营业务成本

序号	借方	序号	贷方
12	480 000	33	1 217 800
13	76 800		
19	340 000		
20	6 800		
26	314 200		
合计	1 217 800		1 217 800

原材料

序号	借方	序号	贷方
2	155 200	19	340 000
11	47 000		
合计	202 200		340 000

周转材料

序号	借方	序号	贷方
		19	40 000
合计			40 000

应收账款

序号	借方	序号	贷方
5	654 000	28	420 000
合计	654 000		420 000

应收票据

序号	借方	序号	贷方
21	21 800		
合计	21 800		

存货跌价准备

序号	借方	序号	贷方
		29	97 600
合计			97 600

资产减值损失

序号	借方	序号	贷方
29	97 600	33	97 600
合计	97 600		97 600

固定资产

序号	借方	序号	贷方
3	120 000	7	400 000
合计	120 000		400 000

固定资产清理

序号	借方	序号	贷方
7	270 000	7	103 000
7	2 000	7	169 000
合计	272 000		272 000

累计折旧

序号	借方	序号	贷方
7	120 000	23	200 000
合计	120 000		200 000

固定资产减值准备

序号	借方	序号	贷方
7	10 000	7	200 000
合计	10 000		200 000

材料成本差异

序号	借方	序号	贷方
2	4 800	11	2 000
		20	7 600
合计	4 800		9 600

续上表

累计摊销

序号	借方	序号	贷方
		24	5 608
合计			5 608

应收股利

序号	借方	序号	贷方
8	20 000	8	20 000
合计	20 000		20 000

应交税费

序号	借方	序号	贷方
1	104 000	5	54 000
3	15 600	6	270 000
7	2 000	7	2 000
10	5 850	15	38 500
17	38 500	21	1 800
30	133 300	31	200 350
31	200 350	31	14 024.50
		31	6 010.50
		34	394 966.25
合计	499 600		981 651.25

应付票据

序号	借方	序号	贷方
4	200 000	1	836 000
合计	200 000		836 000

短期借款

序号	借方	序号	贷方
9	1 000 000		
合计	1 000 000		

应付职工薪酬

序号	借方	序号	贷方
14	180 740	12	903 700
15	38 500	13	144 592
16	684 460		
17	144 592		
合计	1 048 292		1 048 292

应付账款

序号	借方	序号	贷方
4	185 000		
合计	185 000		

其他应付款

序号	借方	序号	贷方
14	180 740	17	180 740
合计	180 740		180 740

应付利息

序号	借方	序号	贷方
9	89 000	9	89 000
		22	29 000
合计	89 000		118 000

长期借款

序号	借方	序号	贷方
27	900 000	22	14 500
合计	900 000		14 500

盈余公积

序号	借方	序号	贷方
		35	111 169.88
合计			111 169.88

投资收益

序号	借方	序号	贷方
32	20 000	8	20 000
合计	20 000		20 000

所得税费用

序号	借方	序号	贷方
34	394 966.25	34	370 566.25
		34	24 400
合计	394 966.25		394 966.25

税金及附加

序号	借方	序号	贷方
31	20 035	33	20 035
合计	20 035		20 035

资产处置损益

序号	借方	序号	贷方
7	169 000	33	169 000
合计	169 000		169 000

营运间接费用

序号	借方	序号	贷方
12	115 000	26	314 200
13	18 400		
19	40 000		
20	800		
23	140 000		
合计	314 200		314 200

管理费用

序号	借方	序号	贷方
12	308 700	33	483 800
13	49 392		
23	60 000		
24	5 608		
25	60 100		
合计	483 800		483 800

销售费用

序号	借方	序号	贷方
18	14 000	33	37 000
18	23 000		
合计	37 000		37 000

财务费用

序号	借方	序号	贷方
9	89 000	33	132 500
22	43 500		
合计	132 500		132 500

主营业务收入

序号	借方	序号	贷方
32	3 620 000	5	600 000
		6	3 000 000
		21	20 000
合计	3 620 000		3 620 000

递延所得税资产

序号	借方	序号	贷方
34	24 400		
合计	24 400		

本年利润

序号	借方	序号	贷方
33	2 157 735	32	3 640 000
34	370 566.25		
34	1 111 698.75		
合计	3 640 000		3 640 000

利润分配

序号	借方	序号	贷方
35	111 169.88	34	1 111 698.75
36	111 169.88	36	111 169.88
合计	222 339.76		1 222 868.63

合计 20 579 753.01 | 20 579 753.01

根据上表数据，整理本月期末余额，见表 8-11。

表 8-11　期末科目余额表　　　　　　金额单位：元

科目名称	期末余额	科目名称	期末余额
库存现金	6 800	短期借款	0
银行存款	2 405 388	应付票据	200 000
其他货币资金	156 470	应付账款	3 211 000
交易性金融资产	30 900	其他应付款	46 000
应收票据	121 800	应付职工薪酬	154 600
应收账款	2 634 000	合同负债	209 000
坏账准备	−9 000	应交税费	615 351.25
合同资产	525 000	应付利息	74 000
其他应收款	12 800	长期借款	3 114 500
材料采购	1 220 000	其他非流动负债	1 120 000
原材料	1 382 200	递延所得税负债	10 000
包装物	260 000	股本	5 000 000
周转材料	10 000	资本公积	143 200
		盈余公积	261 169.88
材料成本差异	3 800	利润分配（未分配利润）	1 290 528.87
存货跌价准备	−104 100		
待摊费用			
长期股权投资	1 200 000		
长期股权投资减值准备	−3 500		
固定资产	5 128 000		
累计折旧	−140 000		
固定资产减值准备	−100 000		
工程物资			
在建工程			
无形资产	560 000		
累计摊销	−165 608		
开发支出			
长期待摊费用	290 000		
递延所得税资产	24 400		
合　　计	15 449 350	合　　计	15 449 350

根据《关于修订印发 2019 年度一般企业财务报表格式的通知》（财会〔2019〕6 号），计算期初与期末资产负债表项目数据。

货币资金期初余额＝6 800＋2 450 000＋208 000＝2 664 800（元）

货币资金期末余额＝货币资金期初余额＋银行存款（本期借方发生额－本期贷方发生额）＋其他货币资产（本期借方发生额－本期贷方发生额）＋库存现金（本期借方发生额－本期贷方发生额）

＝2 664 800＋（3 813 680－3 858 292）－51 530＝2 568 658（元）

应收票据期末余额＝应收票据期初余额＋应收票据（本期借方发生额－本期贷方发生额）

＝100 000＋21 800＝121 800（元）

存货期初余额＝580 000＋1 520 000＋260 000＋50 000＋8 600＋（－6 500）＝2 412 100（元）

存货期末余额＝期初余额＋材料采购（借方发生额－贷方发生额）＋原材料（借方发生额－贷方发生额）＋周转材料（借方发生额－贷方发生额）＋材料成本差异（借方发生额－贷方发生额）－存货跌价准备

＝2 412 100＋（845 000－205 000）＋（202 200－340 000）＋（4 800－9 600）－40 000－97 600

＝2 412 100＋640 000－137 800－4 800－40 000－97 600

＝2 771 900（元）

应收账款期初余额＝2 400 000－9 000＝2 391 000（元）

应收账款期末余额＝2 391 000＋（654 000－420 000）＝2 625 000（元）

其他应收款期初余额＝12 800（元）

其他应收款期末余额＝期初余额＋应收股利（借方发生额－贷方发生额）

＝12 800＋20 000－20 000

＝12 800（元）

长期股权投资期初余额＝1 200 000－3 500＝1 196 500（元）

长期股权投资期末余额＝1 196 500（元）

固定资产期初余额＝5 408 000－60 000－110 000＝5 238 000（元）

固定资产期末余额＝期初余额＋固定资产（借方发生额－贷方发生额）＋固定资产清理（借方发生额－贷方发生额）＋固定资产减值准备（借方发生

额－贷方发生额）－累计折旧（借方发生额－贷方发生额）

$= 5\ 238\ 000 - (120\ 000 - 400\ 000) + (273\ 600 - 273\ 600) + 10\ 000 - (120\ 000 - 200\ 000)$

$= 5\ 238\ 000 - 280\ 000 + 10\ 000 - 80\ 000$

$= 4\ 888\ 000$（元）

无形资产期初余额 $= 560\ 000 - 160\ 000 = 400\ 000$（元）

无形资产期末余额 $= 400\ 000 - 5\ 608 = 394\ 392$（元）

短期借款期初余额 $= 1\ 000\ 000$（元）

短期借款期末余额 $= 1\ 000\ 000 - 1\ 000\ 000 = 0$（元）

应付票据期末余额 $= 400\ 000 - 200\ 000 = 200\ 000$（元）

应付账款期末余额 $= 2\ 560\ 000 - (185\ 000 - 836\ 000)$

$= 3\ 211\ 000$（元）

其他应付款期初余额 = 其他应付款余额 + 应付利息余额 $= 46\ 000 + 45\ 000 = 91\ 000$（元）

其他应付款期末余额 = 其他应付款期初余额 + （应付利息期末余额贷方余额－期末余额借方余额）

$= 91\ 000 + (118\ 000 - 89\ 000) = 120\ 000$（元）

应交税费期初余额 $= 133\ 300$（元）

应交税费期末余额 $= 133\ 300 + 981\ 651.25 - 499\ 600 = 615\ 351.25$（元）

应付职工薪酬期末余额 = 期初余额 + 应付职工薪酬（贷方发生额－借方发生额）

$= 154\ 600 + (1\ 048\ 292 - 1\ 048\ 292)$

$= 154\ 600$

长期借款期初余额 $= 4\ 000\ 000$（元）

长期借款期末余额 $= 4\ 000\ 000 - 900\ 000 + 14\ 500 = 3\ 114\ 500$（元）

盈余公积期末余额 $= 150\ 000 + 111\ 169.88 = 261\ 169.88$（元）

未分配利润期末余额 $= 290\ 000 + (1\ 222\ 868.63 - 222\ 339.76)$

$= 1\ 290\ 528.87$（元）

根据表 8-8 至表 8-11 的数据，编制 2023 年 1 月 31 日的资产负债表，见表 8-12。

表 8-12 资产负债表

编制单位：先锋物流有限责任公司　　2023 年 1 月 31 日　　　　　　　　金额单位：元

资产	期末余额	年初余额	负债和所有者权益	期末余额	年初余额
流动资产：			流动负债：		
货币资金	2 568 658	2 664 800	短期借款	—	1 000 000
以公允价值计量且其变动计入当期损益的金融资产	30 900	30 900	以公允价值计量且其变动计入当期损益的金融负债	—	—
应收票据	121 800	100 000	应付票据	200 000	400 000
应收账款	2 625 000	2 391 000	应付账款	3 211 000	2 560 000
预付款项	—		预收款项		
合同资产	525 000	525 000	合同负债	209 000	209 000
其他应收款	12 800	12 800	应付职工薪酬	154 600	154 600
存货	2 771 900	2 412 100	应交税费	615 351.25	133 300
一年内到期非流动资产	—		其他应付款	120 000	91 000
其他流动资产	—		流动负债合计	4 509 951.25	4 547．900
非流动资产：	—		非流动负债：		
可供出售金融资产	—		长期借款	3 114 500	4 000 000
持有至到期投资	—	—	应付债券	—	—
长期应收款	—	—	长期应付款	—	—
长期股权投资	1 196 500	1 196 500	预计负债	—	—
投资性房地产	—		其他非流动负债	1 120 000	1 120 000
固定资产	4 888 000	5 238 000	递延收益		
流动资产合计	8 656 058	8 136 600	递延所得税负债	10 000	10 000
在建工程	—	—	其他非流动负债	—	—

资产	期末余额	年初余额	负债和所有者权益	期末余额	年初余额
生产性生物资产	—	—	非流动负债合计	4 244 500	5 130 000
无形资产	394 392	400 000	负债合计	8 754 451.25	9 677 900
开发支出	—	—	所有者权益：		
商誉	—	—	股本	5 000 000	5 000 000
长期待摊费用	290 000	290 000	资本公积	143 200	143 200
递延所得税资产	24 400	—	盈余公积	261 169.88	150 000
其他非流动资产	—	—	未分配利润	1 290 528.87	290 000
非流动资产合计	6 793 292	7 124 500	所有者权益合计	6 694 898.75	5 583 200
资产总计	15 449 350	15 261 100	负债和所有者权益总计	15 449 350	15 261 100

单位领导：××   会计主管：××   会计：××

第二节　利润表的原理与编制方法

利润表是根据"收入－费用＝利润"的会计平衡公式的原理以及收入与费用的配比原则编制。

一、利润表的原理与结构

企业一般要在月底编制利润表，收入减去成本，得出营业利润，就是通常说的毛利，毛利再减去税金、费用等，就是税前利润总额，也是核心利润。核心利润是检验一家企业经营是否优秀的重要指标。总体来说，核心利润高，盈利能力越强，盈利质量越高。核心利润刨去企业所得税就是净利润了，这就是企业实实在在赚的钱。

利润表反映的经营成果是企业一定期间的收入与费用配比而形成的净收益（或净亏损）顺序如下：

（1）企业在一定时期内取得的全部收入，包括营业收入、营业外收入和投资收益。

（2）企业在一定时期内为取得收入而发生的全部费用和支出，包括营业成本、管理费用、销售费用、财务费用和营业外支出。

（3）全部收入与全部支出相抵后计算出的企业在一定时期内实现的利润（或发生的亏损）总额，即营业利润（或亏损）和利润总额（或亏损）。

根据收入与费用配比原则，我国企业的利润表采用多步式格式，分以下三个步骤编制。

第一步，以营业收入为基础，减去营业成本、税金及附加、销售费用、管理费用、财务费用、资产减值损失，加上公允价值变动收益（减去公允价值变动损失）和投资收益（减去投资损失），计算出营业利润。

第二步，以营业利润为基础，加上营业外收入，减去营业外支出，计算出利润总额。

第三步，以利润总额为基础，减去所得税费用，计算出净利润（或净亏损）。

二、利润表的填列方法

利润表各项目均需填列"本期金额"和"上期金额"两栏。利润表"本期金额""上期金额"栏内各项数字，应当按照相关科目的发生额分析填列。

利润表项目的填列说明，见表 8-13。

表 8-13 利润表项目填列说明

项　　目	填列方法
营业收入	本项目应根据"主营业务收入"和"其他业务收入"科目的发生额分析填列
营业成本	本项目应根据"主营业务成本"和"其他业务成本"科目的发生额分析填列
税金及附加	本项目应根据"税金及附加"科目的发生额分析填列
销售费用	本项目应根据"销售费用"科目的发生额分析填列

项　　目	填列方法
管理费用	本项目应根据"管理费用"科目的发生额分析填列
研发费用	本项目应根据"管理费用"科目下的"研发费用"明细科目的发生额分析填列
财务费用	本项目应根据"财务费用"科目的发生额分析填列
其中：利息费用	本项目应根据"财务费用"科目的相关明细科目的发生额分析填列
利息收入	本项目应根据"财务费用"科目的相关明细科目的发生额分析填列
其他收益	本项目应根据"其他收益"科目的发生额分析填列
资产减值损失	本项目应根据"资产减值损失"科目发生额分析填列
公允价值变动收益	本项目应根据"公允价值变动损益"科目的发生额分析填列，如为净损失，本项目以"－"号填列
投资收益	本项目应根据"投资收益"科目的发生额分析填列。如为投资损失，本项目用"－"号填列
资产处置收益	本项目应根据"资产处置损益"科目的发生额分析填列；如为处置损失，以"－"号填列
营业利润	反映企业实现的营业利润。如为亏损，本项目以"－"号填列
营业外收入	本项目应根据"营业外收入"科目的发生额分析填列
营业外支出	本项目应根据"营业外支出"科目的发生额分析填列
利润总额	反映企业实现的利润。如为亏损，本项目以"－"号填列
所得税费用	本项目应根据"所得税费用"科目的发生额分析填列
净利润	反映企业实现的净利润。如为亏损，本项目以"－"号填列
每股收益	包括基本每股收益和稀释每股收益两项指标，反映普通股或潜在普通股已公开交易的企业，以及正在公开发行普通股或潜在普通股过程中的企业的每股收益信息
其他综合收益	反映企业根据企业会计准则规定未在损益中确认的各项利得和损失扣除所得税影响后的净额
综合收益总额	反映企业净利润与其他综合收益的合计金额
（一）持续经营净利润 （二）终止经营净利润	分别反映净利润中与持续经营相关的净利润和与终止经营相关的净利润；如为净亏损，以"－"号填列。这两个项目应按照《企业会计准则第 42 号——持有待售的非流动资产、处置组和终止经营》的相关规定分别列报

三、利润表的编制实例

【例 8-2】接例 8-1，编制利润表项目本期借贷方发生额，见表 8-14。

表 8-14 利润表项目本期借贷方发生额

金额单位：元

科目名称	借方发生额	贷方发生额
主营业务收入	—	3 620 000
主营业务成本	1 217 800	—
税金及附加	20 035	—
销售费用	37 000	—
管理费用	483 800	—
管理费用——工资	308 700	—
管理费用——摊销	5 608	—
管理费用——社保费	49 392	—
管理费用——折旧	60 000	—
管理费用——保险费用	60 100	—
财务费用	132 500	—
财务费用——利息收入	—	—
财务费用——利息费用	132 500	—
投资收益	—	20 000
资产处置损益	169 000	—
资产减值损失	97 600	—
所得税费用	370 566.25	—

根据上述资料填制利润表，见表 8-15。

表 8-15 利润表

会企 02 表

编制单位： 先锋物流有限责任公司   2023 年 1 月 31 日   金额单位：元

项　　目	本期金额	上期金额（略）
一、营业收入	3 620 000	

项　　目	本期金额	上期金额（略）
减：营业成本	1 217 800	
税金及附加	20 035	
销售费用	37 000	
管理费用	483 800	
研发费用	—	
财务费用	132 500	
其中：利息费用	132 500	
利息收入	—	
资产减值损失	97 600	
加：其他收益	—	
投资收益（损失以"－"号填列）	20 000	
其中：对联营企业和合营企业的投资收益	—	
公允价值变动收益（损失以"－"号填列）	—	
资产处置收益（损失以"－"号填列）	−169 000	
二、营业利润（亏损以"－"号填列）	1 482 265	
加：营业外收入	—	
减：营业外支出	—	
三、利润总额（亏损总额以"－"号填列）	1 482 265	
减：所得税费用	370 566.25	
四、净利润（净亏损以"－"号填列）	1 111 698.75	
（一）持续经营净利润（净亏损以"－"号填列）	1 111 698.75	
（二）终止经营净利润（净亏损以"－"号填列）	—	
五、其他综合收益的税后净额	—	
（一）不能重分类进损益的其他综合收益	—	
1.重新计量设定受益计划变动额	—	
2.权益法下不能转损益的其他综合收益	—	
3.其他权益工具投资公允价值变动	—	
4.企业自身信用风险公允价值变动	—	

项　　目	本期金额	上期金额（略）
……	—	
（二）将重分类进损益的其他综合收益	—	
1.权益法下可转损益的其他综合收益	—	
2.其他债权投资公允价值变动	—	
3.金融资产重分类计入其他综合收益的金额	—	
4.其他债权投资信用减值准备	—	
5.现金流量套期储备	—	
6.外币财务报表折算差额	—	
……	—	
六、综合收益总额	1 111 698.75	
七、每股收益：	—	
（一）基本每股收益	—	
（二）稀释每股收益	—	

第三节　现金流量表原理与编制方法

《企业会计准则第 31 号——现金流量表》规定，现金流量表披露了企业在一定期间内现金（包括现金等价物）的流入、流出，以及期初和期末现金结余的状况。现金流量表是以收付实现制为基础编制的，现金流量表是期间报表，不是时点报表。净利润和净现金流量都是反映企业盈利能力和盈利水平的财务指标。净现金流量是现金流量表中的一个指标，是指一定时期内，现金及现金等价物的流入减去流出的余额，反映企业本期内净增加或净减少的现金及现金等价数额。

一、现金和现金流量

根据企业运营的方式，将现金流量分为经营活动产生的现金流量、投资活动产生的现金流量、融资活动产生的现金流量，再按照收付实现制的原理，将涉及现金交易业务剥离出来，厘清现金流量，以此为企业把脉。

首先对"现金"和"现金流量"概念、范围加以明确。

1. 现金的范畴

"现金流量表"所指的现金是包括库存现金、银行活期存款、其他货币资金及现金等价物等。现金等价物是指短期高流动性的票据、证券投资等，通常变现期不超过 3 个月，由于这类投资易于转换为已知金额的现金，价格变动风险很小，其支付能力与现金的差别不大。企业为了保证支付能力，必须持有一定量的现金，为了不使现金闲置，企业通常会购置短期债券等低风险、高流动性的证券。在现金流量表中，这类投资被视为现金一样对待。

企业应该根据经营特点的具体情况，确定现金等价物的范围，并将这种划分标准作为一项会计政策加以一贯性的保持，在会计报表附注中对现金等价物的划分标准进行披露。

常见的现金等价物包括三个月之内到期的国债、企业债券、商业票据等。应该注意的是，并不是所有短期投资都是现金等价物，短期投资必须满足期限短（通常 3 个月以内到期）、流动性强、易于转换成已知金额的现金、价值变动风险很小这四个条件。

2. 现金流量

现金流量是一定期间内现金流入或流出的金额。引起企业现金流动的经济业务有以下三种：

（1）经营活动主要包括销售商品或提供劳务、购买商品、接受劳务、支付工资和交纳税款等流入和流出现金及现金等价物的活动或事项。

（2）投资活动主要包括购建固定资产、处置子公司及其他营业单位等流入和流出现金及现金等价物的活动或事项。

（3）筹资活动主要包括吸收投资、发行股票、分配利润、发行债券、偿还债务等流入和流出现金及现金等价物的活动或事项。偿付应付账款、应付票据等商业应付款等属于经营活动，不属于筹资活动。

《企业会计准则》规定企业应当采用直接法编报现金流量表，同时要求提供在净利润基础上调节为经营活动产生的现金流量的信息。也就是说，同时采用直接法和间接法两种方法编报现金流量表。在编制过程中，可以运用公式分析法、工作底稿法等辅助完成，还可以通过记账凭证法、明细分类账法完成。

二、直接法与间接法

编制现金流量表时，列报经营活动现金流量的方法有两种：一是直接法；二是间接法。在直接法下，一般是以利润表中的营业收入为起算点，调节与经营活动有关项目的增减变动，然后计算出经营活动产生的现金流量。间接法主要是剔除与现金支出无关的经营活动。

1. 直接法

直接法，是指按现金收入和现金支出的主要类别直接反映企业经营活动产生的现金流量。

在我国，采用直接法编制现金流量表时经营活动产生的现金流入项目主要包括：

（1）销售商品、提供劳务收到的现金；

（2）收到的税费返还；

（3）收到的其他与经营活动有关的现金。

经营活动产生的现金流出项目主要包括：

（1）购买商品、接受劳务支付的现金；

（2）支付给职工以及为职工支付的现金；

（3）支付的各项税费；

（4）支付的其他与经营活动有关的现金。

2. 间接法

间接法是指以净利润为起算点，调整不涉及现金的收入、费用、营业外收支等有关项目，据此计算出经营活动产生的现金流量。由于净利润是按照权责发生制原则确定的，且包括了投资活动和筹资活动收益和费用，将净利润调节为经营活动现金流量，实际上就是将按权责发生制原则确定的净利润调整为现金净流入，并剔除投资活动和筹资活动对现金流量的影响。

具体来说，需要在净利润基础上进行调节的项目主要包括：计提的资产减值准备；固定资产折旧；无形资产摊销；长期待摊费用摊销；待摊费用；预提费用；处置固定资产、无形资产和其他长期资产的损益；固定资产报废损失；财务费用；投资损益；递延税款；存货；经营性应收项目；经营性应付项目。

综上所述，采用直接法编报的现金流量表，便于分析企业经营活动产生的现金流量的来源和用途，预测企业现金流量的未来前景；采用间接法编报现金流量表，便于将净利润与经营活动产生的现金流量净额进行比较，了解净利润与经营活动产生的现金流量差异的原因，从现金流量的角度分析净利润的质量。

三、用公式分析法计算经营活动产生的现金流量

经营活动产生的现金流量是指企业投资活动和筹资活动以外的所有的交易和事项产生的现金流量，它是企业现金的主要来源。经营活动现金流量项目主要根据"主营业务收入""其他业务收入""应交税费——应交增值税（销项税额）""应收票据""应收账款""预收账款"的发生额填列。

经营活动现金流量包括：销售商品提供劳务收到的现金，收到的其他与经营活动有关的现金，购买商品、接受劳务收到的现金，支付给职工及为职工支付的现金，支付的各项税费，支付与其他经营活动有关的现金。

1. 销售商品、提供劳务收到的现金计算公式与调整分录

销售商品、提供劳务收到的现金计算公式如下：

> 销售商品、提供劳务收到的现金
> ＝营业收入＋应交税金（应交增值税——销项税额）＋（应收账款期初余额－应收账款期末余额）＋（应收票据期初余额－应收票据期末余额）＋（预收账款期末余额－预收账款期初余额）－当期转销的坏账损失＋当期收回的已核销的坏账－票据贴现利息＋应收票据中与收入无关的代垫运杂费＋应付销售退回款－以非现金资产清偿债务而减少的应收账款和应收票据

2. 收到的税费返回

收到的税费返回包括返还的各项税费，包括关税、增值税等。

收到的税费返还＝返还的（增值税＋消费税＋关税＋所得税＋教育费附加）

企业销售商品收到的增值税销项税额以及出口产品按规定退税而取得的现金，应单独反映，为便于计算这一项目的现金流量，企业应在"应收账款"及"应收票据"科目下分设"货款"和"增值税"两个明细科目。"应收账款（应收票据）——货款"科目用以调整计算销售商品、提供劳务收到的现金。

3. 收到的其他与经营活动有关的现金

"收到的其他与经营活动有关的现金"是对前述经营活动产生的现金流入各项的补充，包括：捐赠现金收入；罚款收入；流动资产损失中由个人赔偿的现金收入。"收到的其他与经营活动有关的现金"应根据现金科目的借方数额与"资本公积""营业外收入""其他应收款"等科目的贷方记录分析填列。

收到的其他与经营活动有关的现金＝除上述经营活动以外的其他经营活动有关的现金

4. "购买商品、接受劳务支付的现金"的调整

企业购买商品、接受劳务支付的现金（包括支付的增值税进项税额）。主要包括：本期购买商品接受劳务本期支付的现金；本期支付前期购买商品、接受劳务的未付款项；本期预付款项。

本期发生购货退回而收到的现金应从购买商品或接受劳务支付的款项中扣除。

调整法下购买商品、接受劳务支付的现金的计算公式为：

购买商品、接受劳务支付的现金
＝营业成本＋当期支付的增值税进项税额＋（应付账款期初余额－期末余额）＋（应付票据期初余额－期末余额）＋（预付账款期末余额－期初余额）＋（存货期末余额－期初余额）－当期计入生产成本和制造费用的职工薪酬－当期计入生产成本和制造费用的折旧费用购买商品、接受劳务支付的现金＝当期购买商品、接受劳务支付的现金＋当期支付的应付账款和应付票据＋当期预付的账款－当期因购货退回收到的现金

5. 支付给职工以及为职工支付的现金

支付给职工以及为职工支付的现金计算公式如下：

支付给职工以及为职工支付的现金＝生产成本、制造费用、管理费用中职工薪酬＋（应付职工薪酬年初余额－应付职工薪酬期末余额）－（应付职工薪酬在建工程年初余额－应付职工薪酬在建工程年末余额）

会计调整分录为：

借：支付的其他与经营活动有关的现金（指管理费用）

　　购买商品、接受劳务支付的现金（指生产成本）

购买商品、接受劳务支付的现金（指制造费用）

支付的其他与经营活动有关的现金（指销售费用）

贷：应付职工薪酬

借：应付职工薪酬

贷：支付给职工以及为职工支付的现金

6. 支付的各项税费

"支付的各项税费"项目反映企业按规定支付的各项税费，包括本期发生并支付的税费，以及本期支付以前各期发生的税费和预交的税金。

需要注意的是，修订前的会计准则中的"支付的增值税款""支付的所得税款""支付的除增值税、所得税以外的其他税费"项目，包括在修订后的会计准则中的"支付的各项税费"项目中。

四、用公式分析法计算投资活动产生的现金流量

投资活动产生的现金流量净额各个子项目计算方法具体见表 8-16。

表 8-16　投资活动产生的现金流量净额计算

项　　　目	计算公式
收回投资所收到的现金	（短期投资期初数－短期投资期末数）＋（长期股权投资期初数－长期股权投资期末数）＋（长期债权投资期初数－长期债权投资期末数）
取得投资收益所收到的现金	利润表投资收益－（应收利息期末数－应收利息期初数）－（应收股利期末数－应收股利期初数）
处置固定资产、无形资产和其他长期资产所收回的现金净额	"固定资产清理"的贷方余额＋（无形资产期末数－无形资产期初数）＋（其他长期资产期末数－其他长期资产期初数）
收到的其他与投资活动有关的现金	如收回融资租赁设备本金等
购建固定资产、无形资产和其他长期资产所支付的现金	（在建工程期末数－在建工程期初数）（剔除利息）＋（固定资产期末数－固定资产期初数）＋（无形资产期末数－无形资产期初数）＋（其他长期资产期末数－其他长期资产期初数）

项　　目	计算公式
投资所支付的现金	（短期投资期末数－短期投资期初数）＋（长期股权投资期末数－长期股权投资期初数）（剔除投资收益或损失）＋（长期债权投资期末数－长期债权投资期初数）（剔除投资收益或损失）
支付的其他与投资活动有关的现金	如投资未按期到位罚款

五、用公式分析法计算筹资活动产生的现金流量

融资活动产生的现金流量净额计算。融资活动产生的现金流量净额各个子项目计算方法具体见表 8-17。

表 8-17　融资活动产生的现金流量净额计算

项　　目	计算公式
吸收投资所收到的现金	（实收资本或股本期末数－实收资本或股本期初数）＋（应付债券期末数－应付债券期初数）
借款收到的现金	（短期借款期末数－短期借款期初数）＋（长期借款期末数－长期借款期初数）
收到的其他与融资活动有关的现金	如投资人未按期缴纳股权的罚款现金收入等
偿还债务所支付的现金	（短期借款期初数－短期借款期末数）＋（长期借款期初数－长期借款期末数）（剔除利息）＋（应付债券期初数－应付债券期末数）（剔除利息）
分配股利、利润或偿付利息所支付的现金	应付股利借方发生额＋利息支出＋长期借款利息＋在建工程利息＋应付债券利息－预提费用中"计提利息"贷方余额－票据贴现利息支出
支付的其他与融资活动有关的现金	如发生融资费用所支付的现金、融资租赁所支付的现金、减少注册资本所支付的现金（收购本公司股票，退还联营单位的联营投资等）、企业以分期付款方式购建固定资产，除首期付款支付的现金以外的其他各期所支付的现金等

六、现金流量表编制案例

【例 8-3】根据例 8-1 所提供的资料，对当期业务进行分析并编制调整分录。编制调整分录时，以利润表项目为基础，从"营业收入"开始，结合资产负债表项目逐一进行分析。本例调整分录如下：

（1）分析调整营业收入。分析本期所确认的营业收入，对应哪些非现金项目。本例中对应应收账款、应收票据两个非现金项目。

本期所确认的主营业务收入为 3 620 000 元，增值税销项税额为 325 800 元。由于收入并非全部为现金交易，营业收入与销项税额还对应非现金项目。本例中对应应收账款、应收票据项目，因而需要分析这两个非现金项目的变动（增加或减少数）。本例中应收账款余额增加 234 000 元，应收票据余额增加 21 800 元。

借：经营活动现金流量——销售商品收到的现金　　　　　3 690 000

　　应收账款　　　　　　　　　　　　　　　　　　　　　234 000

　　应收票据　　　　　　　　　　　　　　　　　　　　　　21 800

　　贷：营业收入　　　　　　　　　　　　　　　　　　　　　3 620 000

　　　　应交税费——应交增值税（销项税额）　　　　　　　　325 800

（2）购买商品、接受劳务支付的现金分录如下：

借：材料采购　　　　　　　　　　　　　　　　　　　　　　68 000

　　应付票据　　　　　　　　　　　　　　　　　　　　　200 000

　　应付账款　　　　　　　　　　　　　　　　　　　　　185 000

　　贷：经营活动现金流量——购买商品支付的现金　　　　　　453 000

（3）调整个人所得税变动数。

借：经营活动现金流量——支付给职工以及为职工支付的现金

　　　　　　　　　　　　　　　　　　　　　　　　　　　　38 500

　　贷：应交税费——应交个人所得税　　　　　　　　　　　　38 500

（4）调整本期确认的管理费用。暂且将本期确认的"管理费用"的发生额都作为"支付的其他与经营活动有关的现金"，后面再在此基础上做进一步调整。

借：管理费用　　　　　　　　　　　　　　　　　　　　　483 800

　　贷：经营活动现金流量——支付的其他与经营活动有关的现金

　　　　　　　　　　　　　　　　　　　　　　　　　　　483 800

（5）计算销售费用付现。暂且将本期确认的销售费用都作为"支付的其他与经营活动有关的现金"，后面再在此基础上做进一步调整。

借：销售费用   37 000

    贷：经营活动现金流量——支付的其他与经营活动有关的现金

         37 000

（6）调整利息支出，利息支出属于筹资活动现金流量。

借：财务费用   132 500

    贷：筹资活动现金流量——分配股利、利润和偿付利息支付的现金

         132 500

（7）调整其他货币资金。

借：经营活动现金流量——收到其他与经营活动有关的现金   680

    材料采购   45 000

    应交税费——应交增值税（进项税额）   5 850

    贷：经营活动现金流量——购买商品支付现金   51 530

（8）分析调整投资收益。在我国，"取得投资收益所收到的现金"属于投资活动产生的现金流量。

借：投资活动现金流量——取得投资收益所收到的现金   20 000

    贷：投资收益   20 000

（9）分析调整资产处理损益。确认资产处置损益 169 000 元，处置固定资产有 103 000 元现金流入。

借：资产处理损益   169 000

    投资活动现金流量——处置固定资产收到的现金   103 000

    固定资产（累计折旧）   120 000

    固定资产（减值准备）   10 000

    贷：固定资产（原价）   400 000

        经营活动现金流量——支付的各项税费   2 000

（10）分析调整本期计提的折旧，其中 60 000 元计入了管理费用，由于前述分录（4）假设本期确认的全部管理费用都对应有现金流出，属于"支付的其他与经营活动有关的现金"，因而这 60 000 元折旧费用应调整减少"支付的其他与经营活动有关的现金"。

借：经营活动现金流量——支付的其他与经营活动有关的现金

60 000

　　贷：累计折旧　　　　　　　　　　　　　　　　　　60 000

（11）分析调整无形资产。分析"无形资产"项目的变动，首先看本期有无购买和出售无形资产的业务，是否伴随有相应的现金流出与流入。如果有的话，则属于"投资活动现金流量——购建固定资产、无形资产和其他长期资产所支付的现金"或"投资活动现金流量——处置固定资产、无形资产和其他长期资产所收到的现金净额"。本例中先锋物流有限公司本期无购建或处置无形资产的经济业务。其次要分析本期无形资产的摊销 5 608 元，它增加了本期管理费用 5 608 元，但无相应的现金流出，而上述调整分录（4）假设本期确认的所有管理费用都对应有现金流出，并记作"支付的其他与经营活动有关的现金"，因而需要对分录（4）的初步调整做如下进一步的调整：

借：经营活动现金流量——支付的其他与经营活动有关的现金 5 608

　　贷：无形资产（累计摊销）　　　　　　　　　　　　5 608

（12）分析调整短期借款。检查"短期借款"项目有无增减变动，是否有相应的现金流入或流出。先锋物流有限公司本期"短期借款"有 1 000 000 元的借方发生额，系该公司以现金偿还短期借款本金。

借：短期借款　　　　　　　　　　　　　　　　　1 000 000

　　贷：筹资活动现金流量——偿还债务所支付的现金　1 000 000

（13）分析调整应付职工薪酬。本期通过"管理费用"计提职工薪酬 308 700 元，在此冲减"支付其他与经营活动有关的现金"。

借：经营活动现金流量——支付其他与经营活动有关的现金 308 700

　　贷：应付职工薪酬——工资　　　　　　　　　　　308 700

（14）计提社保费。本期通过管理费用计提社保费 49 392 元。

借：经营活动现金流量——支付其他与经营活动有关的现金　49 392

　　贷：应付职工薪酬——社保费　　　　　　　　　　　49 392

（15）调整应付职工薪酬的发放。

借：应付职工薪酬——工资　　　　　　　　　　　684 460

　　应付职工薪酬——社保费　　　　　　　　　　　144 592

　　其他应付款——代扣个人社保　　　　　　　　　180 740

贷：经营活动现金流量——支付给职工以及为职工支付的现金

1 009 792

（16）分析调整应交税费（该项目的调整较复杂，与前面有关项目的联系紧密，且不止与一个项目相关，其调整可以有不同的顺序或表现形式）。

由于增值税的销项税额已于分录（1）调整，进项税额已通过分录（2）调整，本期实际缴纳增值税 133 300 元。

借：应交税费 133 300

贷：经营活动现金流量——支付的各项税费（增值税） 133 300

（17）调整购建固定资产进项税额。为"购建固定资产、无形资产及其他长期资产支付现金"。

借：应交税费——应交增值税（进项税额） 15 600

贷：投资活动现金流量——购建固定资产、无形资产及其他长期资产支付现金 15 600

（18）分析调整应付利息。本期"应付利息"科目有借方发生额 89 000 元，系偿付利息支付的现金。贷方发生额 29 000 元，系预提的短期借款利息，已由分录（6）调整。

借：筹资活动现金流量——分配股利、利润或偿付利息所支付的现金

29 000

贷：应付利息 29 000

（19）分析调整长期借款。

借：筹资活动的现金流量——偿还借款支付的现金 14 500

贷：长期借款 14 500

借：长期借款 900 000

贷：筹资活动的现金流量——偿还借款支付的现金 900 000

（20）调整固定资产变动。

借：固定资产 120 000

贷：投资活动的现金流量——购建固定资产、无形资产及其他长期资产支付的现金 120 000

（21）调整现金净变化额，即 2 568 658－2 664 800＝96 142（元）。

借：现金净减少额 96 142

贷：现金（货币资金）   96 142

根据上述资料，编制先锋物流有限责任公司的现金流量表，见表 8-18。

表 8-18　现　金　流　量　表

编制单位：先锋物流有限责任公司　　2023 年 1 月 31 日　　　　　　　　金额单位：元

项　　目	本月金额	本年累计金额
一、经营活动产生的现金流量		
销售商品、提供劳务收到的现金	3 690 000	3 690 000
收到的税费返还		
收到其他与经营活动有关的现金	680	680
经营活动现金流入小计	3 690 680	3 690 680
购买商品、接受劳务支付的现金	504 530	504 530
支付给职工以及为职工支付的现金	1 048 292	1 048 292
支付的各项税费	135 300	135 300
支付其他与经营活动有关的现金	97 100	97 100
经营活动现金流出小计	1 785 222	1 785 222
经营活动产生的现金流量净额	1 905 458	1 905 458
二、投资活动产生的现金流量		
收回投资收到的现金	—	—
取得投资收益收到的现金	20 000	20 000
处置固定资产、无形资产和其他长期资产收回的现金净额	103 000	103 000
处置子公司及其他营业单位收到的现金净额	—	—
收到其他与投资活动有关的现金	—	—
投资活动现金流入小计	123 000	123 000
购建固定资产、无形资产和其他长期资产支付的现金	135 600	135 600
投资支付的现金	—	—

项　　目	本月金额	本年累计金额
取得子公司及其他营业单位支付的现金净额	—	—
支付其他与投资活动有关的现金	—	—
投资活动现金流出小计	135 600	135 600
投资活动产生的现金流量净额	−12 600	−12 600
三、筹资活动产生的现金流量		
吸收投资收到的现金	—	—
取得借款收到的现金	—	—
收到其他与筹资活动有关的现金	—	—
筹资活动现金流入小计	—	—
偿还债务支付的现金	1 900 000	1 900 000
分配股利、利润或偿付利息支付的现金	89 000	89 000
支付其他与筹资活动有关的现金	—	—
筹资活动现金流出小计	1 989 000	1 989 000
筹资活动产生的现金流量净额	−1 989 000	−1 989 000
四、汇率变动对现金及现金等价物的影响	—	—
五、现金及现金等价物净增加额	−96 142	−96 142
加：期初现金及现金等价物余额	2 664 800	2 664 800
六、期末现金及现金等价物余额	2 568 658	2 568 658

第四节　所有者权益变动表编制原理与编制方法

所有者权益亦称产权、资本，是指企业投资者对企业净资产的所有权。它表明企业的资产总额在抵偿了一切现存债务后的差额部分，包括企业所有者投入资金以及尚存收益等。

一、所有者权益组成项目

所有者权益变动表至少应当单独列示以下项目：

（1）综合收益总额；

（2）直接计入所有者权益的利得和损失项目及其总额；

（3）会计政策变更和差错更正的累积影响金额；

（4）所有者投入资本和向所有者分配利润等；

（5）提取的盈余公积；

（6）实收资本或股本、资本公积、盈余公积、未分配利润的期初和期末余额及其调节情况。

二、所有者权益及其组成项目变动情况

所有者权益变动表为了表达所有者权益及其组成项目的变动情况，必须分项列明"上年年末余额""本年年初余额""本年增减变动金额（减少以一号填列）"及"本年年末余额"等资料。

财务报表中的各项目应根据"实收资本""其他权益工具""资本公积""其他综合收益""盈余公积""库存股""利润分配"各明细账户的上年末余额、本年年初余额、本年增减变动金额和本年年末余额填列，增加金额用正号填列，减少金额用负号填列。

1. 上年年末余额

上年年末余额是指上年年末企业所有者权益（或股东权益）的期末余额。该项目应根据上年资产负债表中，"实收资本（或股本）""其他权益工具""资本公积""库存股""其他综合收益""专项储备""盈余公积""库存股"和"未分配利润"各项目的年末余额填列。对应表内横向本年金额各项目。

（1）会计政策变更是指企业采用追溯调整法处理会计政策变更对所有者权益的累计影响金额。该项目根据"盈余公积""利润分配——未分配利润"科目的发生额分析填列。对应表内横向的"盈余公积"和"未分配利润"项目。

（2）前期差错更正。前期差错更正是指企业采用追溯调整法处理会计差错对所有者权益的累计影响金额。该项目应根据"盈余公积""利润分配——未分配利润"及"以前年度损益调整"科目的发生额分析填列。对应表内横向的"盈余公积"和"未分配利润"项目。

所有者权益变动表在一定程度上体现企业的综合收益，计算公式如下：

综合收益＝净利润＋直接计入当期所有者权益的利得和损失

净利润＝收入－费用＋直接计入当期损益的利得和损失

2. 本年年初余额

本年年初余额是指在上年年末余额的基础上，考虑了对会计政策变更、前期差错更正采用追溯调整后的本年年初余额，该项目应根据以上各项计算得到。

3. 本年增减变动金额

（1）综合收益总额，反映净利润和其他综合收益扣除所得税影响后的净额相加后的合计金额。

（2）所有者投入或减少资本，反映企业当年所有者投入的资本和减少的资本。其中："所有者投入资本"项目，反映企业接受投资者投入形成的实收资本（或股本）和资本溢价或股本溢价，并对应列在"实收资本"和"资本公积"栏；"股份支付计入所有者权益的金额"项目，反映企业处于等待期中的权益结算的股份支付当年计入资本公积的金额，并对应列在"资本公积"栏；所有者投入资本。

（3）利润分配。

①对所有者（或股东）的分配。

对所有者（或股东）的分配是指企业当期分配给投资者的利润（或股利），该项目应根据"利润分配"科目本期发生额分析填列。对应表内横向的"未分配利润"项目，表现为"未分配利润"减少。

②提取盈余公积。

提取盈余公积是指企业当期按照规定提取的盈余公积。该项目应根据"利润分配"科目本期发生额分析填列。对应表内横向的"盈余公积""未分配利润"项目，"盈余公积"项目增加，"未分配利润"项目相应减少。

（4）所有者权益内部结转。

该项目反映不影响当年所有者权益总额的所有者权益各组成部分之间当年的增减变动：①资本公积转增资本（或股本），企业当期用资本公积转增资本或股本的金额；②盈余公积转增资本（或股本），企业当期用盈余公积转增资本或股本的金额；③盈余公积弥补亏损，企业当期用盈余公积弥补亏损的金额。

其中，资本公积转增资本（或股本）项目应根据"实收资本"或"资本公积"科目本期发生额填列。对应表内横向的"实收资本"和"资本公积"项目，"实收资本"项目增多，"资本公积"项目相应减少。

盈余公积转增资本（或股本）项目应根据"实收资本"或"盈余公积"科目本期发生额填列。对应表内横向的"实收资本"和"资本公积"项目，"实收资本"项目增多，"资本公积"项目相应减少。盈余公积弥补亏损项目应根据"利润分配"科目本期发生额分析填列。对应表内横向的"盈余公积"和"未分配利润"项目，"未分配利润"项目增多，"盈余公积"项目相应减少。

（5）本年年末余额，是指所有者权益的年末金额，应根据表内项目计算得到，各项计算结果应与同期资产负债表中的所有者权益项目的金额一致。

三、所有者权益变动表的编制案例

一般情况下，所有者权益变动表是年报报表，不用每月编制。为了说明所有者权益变动表的编制方法，以先锋物流有限公司 2022 年 1 月数据为例，看看所有者权益变动表是怎么编制的。

【例 8-4】先锋物流有限公司 2023 年 1 月有关所有者权益账户年初余额本年增减变化见表 8-19。根据表 8-19，编制所有者权益（股东权益）变动见表 8-20（上年金额略）。

表 8-19　所有者权益账户变动情况及原因　　　　金额单位：元

账　　户	年初余额	本年增加原因	本年减少原因	期末余额
实收资本（或股本）	5 000 000	0	0	5 000 000
资本公积	143 200	—	—	143 200
盈余公积	150 000	从净利润中提取 111 169. 88	—	261 169. 88
未分配利润	290 000	实现净利润 1 111 698. 75	提取盈余公积 111 169. 88 元，分配利润 0 元	1 290 528.87
所有者权益（或股东权益）合计	5 583 200	—	—	6 694 898.75

表8-20 所有者权益变动表

金额单位:元

| 项目 | 实收资本（或股本） | 其他权益工具 | | | 资本公积 | 减:库存股 | 其他综合收益 | 盈余公积 | 未分配利润 | 所有者权益合计 |
		优先股	永续债	其他						
一、上年年末余额	5 000 000	—	—	—	143 200	—	—	150 000	290 000	5 583 200
加:会计政策变更	—	—	—	—	—	—	—	—	—	—
前期差错更正	—	—	—	—	—	—	—	—	—	—
其他	—	—	—	—	—	—	—	—	—	—
二、本年年初余额	5 000 000	—	—	—	143 200	—	—	150 000	290 000	5 583 200
三、本年增减变动金额（减少以"—"号填列）	—	—	—	—				111 169.88	1 000 528.87	1 111 698.75
（一）综合收益总额	—	—	—	—		—		—	1 111 698.75	1 111 698.75
（二）所有者投入和减少资本	—	—	—	—						
1. 所有者投入的普通股	—	—	—	—						
2. 其他权益工具持有者投入资本	—	—	—	—						
3. 股份支付计入所有者权益的金额	—	—	—	—						
4. 其他	—	—	—	—						
（三）利润分配	—	—	—	—				111 169.88	−111 169.88	

项　　目	实收资本（或股本）	其他权益工具			资本公积	减：库存股	其他综合收益	盈余公积	未分配利润	所有者权益合计
		优先股	永续债	其他						
1. 提取盈余公积	—	—	—	—	—	—	—	111 169.88	−111 169.88	—
2. 对所有者（或股东）的分配	—	—	—	—	—	—	—	—	—	—
3. 其他	—	—	—	—	—	—	—	—	—	—
（四）所有者权益内部结转										
1. 资本公积转增资本（或股本）	—	—	—	—	—	—	—	—	—	—
2. 盈余公积转增资本（或股本）	—	—	—	—	—	—	—	—	—	—
3. 盈余公积弥补亏损	—	—	—	—	—	—	—	—	—	—
4. 设定受益计划变动额结转留存收益	—	—	—	—	—	—	—	—	—	—
5. 其他综合收益结转留存收益	—	—	—	—	—	—	—	—	—	—
6. 其他	—	—	—	—	—	—	—	—	—	—
四、本年年末余额	5 000 000.00	—	—	—	143 200.00	—	—	261 169.88	1 290 528.87	6 694 898.75

参 考 文 献

［1］企业会计准则编审委员会.企业会计准则详解与实务:条文解读＋实务应用＋案例讲解［M］.北京:机械工业出版社,2023.

［2］鲍新中,吴霞,王彦芳.物流成本管理与控制［M］. 5 版.北京:中国工信出版集团,2020.

［3］傅锡原. 物流与会计［M］.北京:机械工业出版社,2018.

［4］栾庆忠.增值税发票税务风险解析与应对(实战案例版)［M］.北京:中国人民大学出版社,2019.

［5］财政部会计司.企业会计准则第 14 号:收入应用指南 2018［M］.北京:中国财政经济出版社,2018.

［6］计敏,王庆,王立新.全行业增值税操作实务与案例分析［M］.北京:中国市场出版社,2018.

［7］曾勤,张程程.会计科目设置与应用大全书［M］.北京:人民邮电出版社,2018.